宇喜多秀家と明石掃部

大西泰正【著】
Yasumasa Ohnishi

岩田書院

序

本書は、備前国岡山の大名宇喜多秀家（一五七二〜一六五五）と、その家臣明石掃部（生没年未詳）を中軸に、大名宇喜多氏とその周辺の諸問題をめぐる議論から成っている。議論といって大仰ならば考証随筆といってもいい。さして特別な史料は用いていないが、視角着想は独自のもの。読者に何程かの新知見を提供すべく筆者なりに論じ尽くした。以下、それら各篇に、簡単な解説を付しておく。

Ⅰ「宇喜多秀家とその周辺」は以下の諸篇から成る。

そもそも豊臣大名宇喜多氏がいかなる権力体であったのか、この問題を考える「豊臣期宇喜多氏権力論」は、既刊の拙著『豊臣期の宇喜多氏と宇喜多秀家』（岩田書院、二〇一〇年）、『「大老」宇喜多秀家とその家臣団』（同、二〇一二年）における議論の総括でもある。秀家の人物像や宇喜多騒動の評価等々、筆者のこれまでの検討結果も要説しておいた。

次いで「文禄期「唐入り」における宇喜多秀家の立場について」は、同時代史料と先行研究とを踏まえて題目通りの問題を検討し、若干の私見を加えたもの。

秀家の八丈島流刑は巷間よく語られるが、一敗地に塗れた秀家の潜伏期の動静となると、殆ど知られていまい。「宇喜多秀家の処分をめぐって」では、八丈島へ流される以前、関ヶ原合戦を経た秀家の「それから」を諸々の史料から復元した。ことに秀家の主体的な行動や書簡の読解等から、この人物が大名復帰を射程に入れていた可能性を指摘できた点は、筆者にも想定外の収穫であった。

続く三論文は加賀藩史料と筆者との出会いによる所産である。まず「小瀬中務と小瀬甫庵」は、秀家の潜行に従った小瀬中務という人物と『太閤記』の著者・小瀬甫庵とを同一人とする俗説を破り、そうした見方の形成過程にも筆をのばしたもの。そして、前田利家室（芳春院）による流人秀家への物資援助や、加賀における秀家正室（備前君）と宇喜多氏旧臣との交流を紹介しながら、宇喜多氏研究の現状と課題について私見を述べたのが「宇喜多氏研究の困難とその可能性」。続く「宇喜多氏の石高をめぐって」では、豊臣期宇喜多氏の石高をめぐる通説に再考を迫っている。

Ⅱ「明石掃部の研究」は、拙著『明石掃部の研究』（同刊行会、二〇一二年）における議論の再録。明石掃部の人物と履歴、とりわけ宇喜多氏家中における掃部の立場について能う限り掘り下げて論じた。「緒言」から「後記」まで一つの作品を成しており、従って成るだけ原型を損なわぬよう刪補も最低限に止めている。

以上、いずれも片々たる議論であって、筆者の断案も粗削りの誹りを免れまいが、本書が具眼の読者の再読三読にたえ、何程かその意にかなうことを願ってやまない。

平成二十六年八月

大西　泰正

目　次

Ⅱ　明石掃部の研究

Ⅰ　宇喜多秀家とその周辺

豊臣期宇喜多氏権力論

はじめに

宇喜多氏研究は近年飛躍的に進展した。豊臣期に限っても森脇崇文氏の議論や筆者の検討など堅実な実証研究[1]が集積されつつある。深まりゆく宇喜多氏への確かな理解、筆先は自ずと、仔細な個別実証を超えて包括的な議論に向かう。すなわち豊臣期の大名宇喜多氏をどのような権力体と捉え、評価するのか。かつて筆者は「特殊性」と「脆弱性」との二語をもって端的にこの問題に解答しようとした。以下この点に関する卑見を、豊臣期宇喜多氏権力の動向とあわせて、既刊の拙著の内容を要約あるいは補足しつつ改めて整理しておきたい[2]。

なお、ここでの「豊臣期」とは、宇喜多秀家施政期の宇喜多氏と言い換えても構わない。便宜上、織田信長の没した天正十年（一五八二）、すなわち秀家の家督継承以降、慶長五年（一六〇〇）関ヶ原合戦までの時期を指すこととする。

第一節　豊臣期宇喜多氏権力の形成

宇喜多氏領国は直家（?～一五八二）・秀家（一五七二～一六五五）二代にわたって、徐々に、そして段階的に形成された。

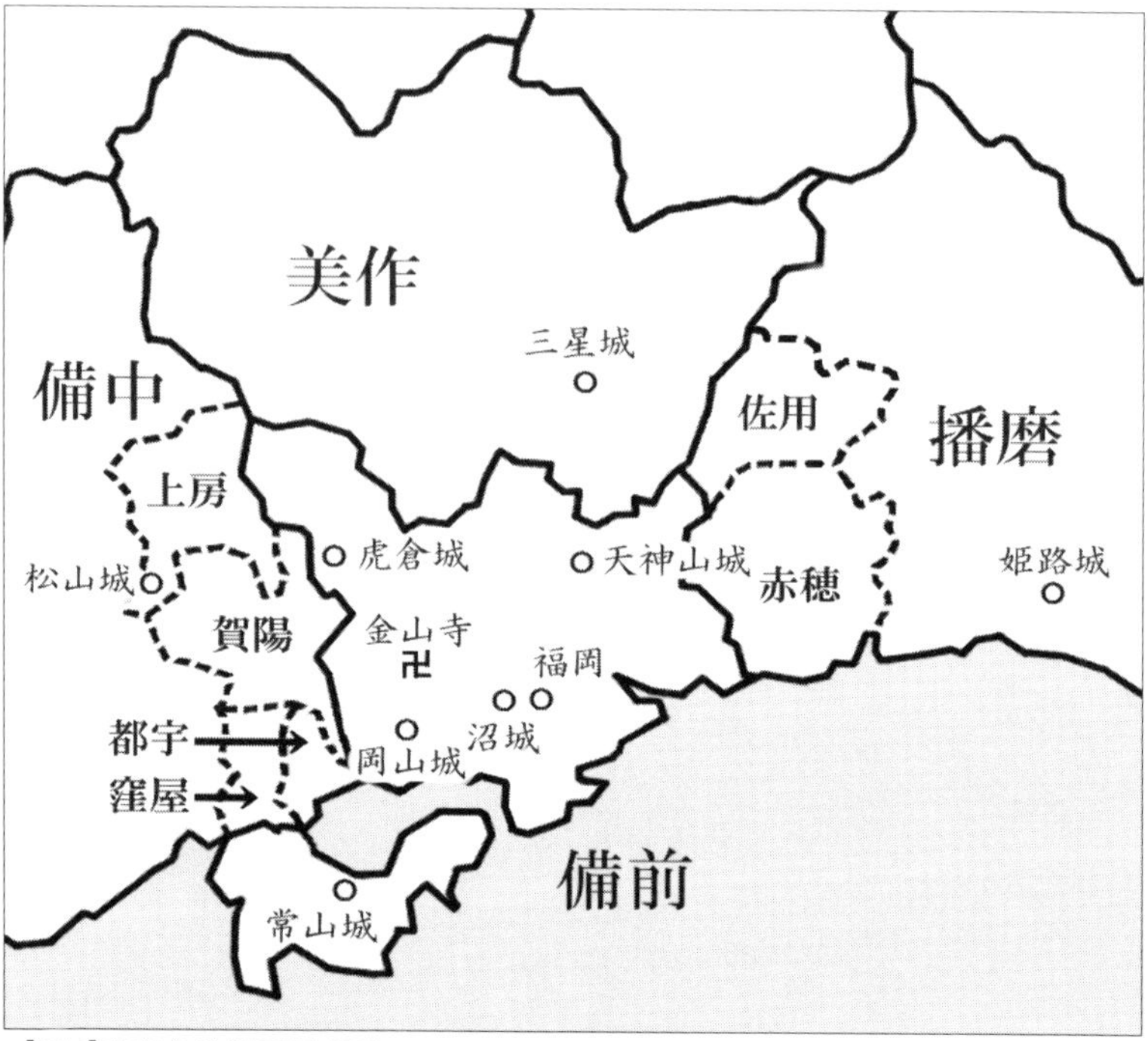

【図1】宇喜多氏領国概略図

その領国形成第一の画期は、天正三年（一五七五）九月頃、直家がその主家筋にあたる浦上氏（浦上宗景）を滅ぼした備前国天神山城の陥落、備前国における武家領主の第一人者に直家を押し上げた出来事である。この浦上氏の没落を、仮に大名権力宇喜多氏の確立始期と見れば、慶長五年（一六〇〇）九月の関ヶ原合戦までわずかに二十五年。第二の画期とすべき宇喜多氏領国【図1】備前・美作両国、備中国（都宇・窪屋二郡、上房・賀陽二郡の一部）、播磨国（佐用・赤穂二郡の一部）の確定は、天正十三年二月、「中国国分」決着の段階まで下るから、この時点から勘定すると関ヶ原での秀家の敗北まで僅々十五年。長く見ても四半世紀に過ぎない宇喜多氏の備作統治をこれから考えてゆく。

天正十年正月、直家の死が公表され、織田信長から、その嗣子（秀家）への家督継承が認められた（『信長公記』）。秀家は齢十一、この幼少の当主を支えて宇喜多氏の領国支配を担ったのは、宇喜多氏当主＝直家・秀家を中核に、重層的に結びついた宇喜多忠家（直家実弟。一五三三〜？）以下の血族縁者であった。[3]

宇喜多氏の「三家老」（『戸川家譜』）・「三老」（『浦上宇喜多両家記』）といわれる有力家臣富川（のち戸川）・岡・長船の三氏それぞれの関係は左の通り。直家・秀家二代に仕えた富川秀安の実母は宇喜多忠家の乳母であり、夫の死後、岡氏に嫁いだという。また、富川＝戸川達安（一五六七〜一六二七）の妻は長船氏の出といい、達安の姉妹（秀安の娘）は浮田左京亮（忠家の子。？〜一六一六）や長船紀伊守（長船貞親の後継者）に嫁いだらしい。大名宇喜多氏の領国支配を支えたのは、こうして幾重にも関係する三氏や宇喜多氏の庶流家（宇喜多忠家・浮田左京亮）であった。血族縁者に支えられた体制は、見方を変えれば、宇喜多氏権力の未成熟と不安定とを証拠立てる。[4]

豊臣期の宇喜多氏はしかし、かかる体制からの脱却を怠っていたわけではない。天正年間（一五七三〜九二）末期から文禄年間（一五九二〜九六）にかけて、豊臣政権の後楯のもと当主秀家への権力集中と領国支配体制の転換とを図った。筆者の検討を含めた先行研究によって、これを以下の通り整理する。

①豊臣秀吉の後援のもと家中の統制を強化（＝領国支配体制の確立）[5]
②秀吉の斡旋した叙位任官によって秀家・有力家臣の身分的序列を明確化[6]
③大身の有力家臣から「直属奉行人」への領国支配の主導権の移行[7]
④文禄三年（一五九四）の惣国検地により領主権を秀家に集約して、領国内の在地領主的土地所有を解体、あわせて家臣団を再編成[8]

宇喜多氏は、これらの諸点を段階的に実施し、権力編成（近世大名化とも換言できよう）を進めていった。①・②によって当主秀家と有力家臣との主従関係を明確化し、その上で③領国支配の実権を、有力家臣から当主秀家の側近・吏僚層（森脇崇文氏はかかる人々を、当主と直結する分国運営の担い手として「直属奉行人」と呼称する）に移してゆく。最終的には④豊臣政権ないし秀家の意をうけて、中村次郎兵衛（家正。？～一六三六）らの側近・吏僚層が、一部の有力家臣（長船紀伊守）と連携して惣国検地を実施する。その結果、統一的知行・軍役体系が確立すると同時に、所替・転封によって有力家臣以下の家臣団から在地領主的性格を奪い、①・②とあわせて当主秀家への集権化を一応のところ達成した。①・④に関連して、秀家による岡山城の大改修（天正十六年頃～。岡山城天守の竣工は文禄三年頃）、城下町への家臣団の集住・領国内の城郭整理[9]（天正十七年頃～）、そして寺社領の解体・再編成（文禄三～四年。領内の寺社統制には金山寺遍照院の圓智を起用）[10]が、家臣団統制・大名権力の強化に大きく寄与したことも見過ごせない。

ただし、①～④の実施背景に豊臣政権＝秀吉の強力な後楯が欠かせなかったことや、大名宇喜多氏が国替・転封を経験しなかったために、④は不徹底の憾みを残した。それどころか、「其表御検地の由、各迷惑」[11]といった④惣国検地への反撥は、断続的に深刻な負担を強いた「唐入り」や、秀家の当主としての器量（能力）不足などの問題と結び付き、家中の動揺や不満に拍車をかけてゆく。果たして①～④の改革を淵源として宇喜多騒動[12]が惹起された。

宇喜多騒動とは、秀家と有力家臣（浮田左京亮・戸川達安・花房秀成・岡越前守ら）との騒擾事件（御家騒動）である。慶長四年～五年々初に発生したと思しく、「浮田中納言《（宇喜多秀家）》備前主家老之衆と為主従間有云事」（『当代記』）、あるいは「浮田中納言家中ニ言事出来ケル」（『慶長見聞書』）等々と伝承されている。秀家に反抗した有力家臣が大坂城下の浮田左京亮邸に武装して立て籠もる一方、「備前中納言《（宇喜多秀家）》殿長男衆ヲ背テ恣」（『鹿苑日録』）に振る舞い、彼らと対立していた中村次郎兵衛は何者かに襲撃され遭難した。主従間の対立は慶長五年正月に徳川家康の裁定によって落着するが、同年五月頃、これが再燃し、「びぜん中なごん殿《（秀家）》おとなども出入」[13]と表現される事態に至る。結果的に秀家は、浮田（左京亮）・富川・

花房・岡らに加え、中村ら家中有力者の過半を失ったのである。この騒動の意義や評価は後節で詳しく取り上げる。以上、宇喜多氏領国の形成過程、および秀家の家督継承から宇喜多騒動に至る宇喜多氏権力の動向を概観した。

第二節　家中構造

ここでは、豊臣期宇喜多氏の家中（家臣団）構造を概観する。宇喜多氏の有力家臣は、大別して以下の①〜④によって構成されていた（秀家施政末期の①・②については次掲【表1】を参照）。

①譜代重臣（岡・長船・富川の三氏や花房氏など）
②一族（宇喜多忠家・浮田左京亮など）
③「直属奉行人」（中村次郎兵衛・浮田太郎左衛門など）
④「客分」（明石氏・沼元氏など）

この分類を越えて以下の性格を有した存在もある。すなわち豊臣政権と結び付き、宇喜多氏側の窓口となる一方、政権の意を領国支配に反映させる役割を担った人々である。[14] 天正十四年（一五八六）頃以降、秀吉直臣の立場を得て（豊臣政権・宇喜多氏に両属）[15]、若い秀家を補佐した②宇喜多忠家や、当初は秀吉に仕えたか、秀吉・宇喜多氏に両属した可能性が高い①花房秀成などがこれに該当する。伏見城の手伝普請の折、秀吉に見出され「備前之儀一向に長船に可中付」（『戸川家譜』）との上意を拝した①長船紀伊守の存在も無視できまい。

【表1】宇喜多氏の有力家臣（慶長初年頃、知行高：万石以上）

人名	知行高(石)	関ヶ原合戦後の動向など
明石掃部	三三一一〇	豊臣方として大坂城に入る。大坂の陣後、消息不明
戸川達安	二五六〇〇	備中国庭瀬で二九二〇〇石を領す
長船吉兵衛	二四〇八四	長船紀伊守の弟または甥。関ヶ原合戦後、消息不明
浮田左京亮	二四〇七九・一	坂崎出羽守と改む。石見国浜田二万石、のち同国津和野三万石を領す
岡越前守	二三三三〇	備中国川上郡のうち六〇〇〇石を領す
花房秀成	一四八六〇	備中国小田・後月両郡のうち五〇〇〇石を領す
宇喜多忠家	一〇〇〇〇	隠居料か。慶長一〇年以後の消息不明

知行高は「慶長初　宇喜多秀家士帳」（金沢市立玉川図書館近世史料館加越能文庫）に拠る。

戸川・浮田・岡・花房は、宇喜多騒動～関ヶ原合戦の間に致仕。

④「客分」は、元来宇喜多氏と同格の国衆（国人）であり、宇喜多氏の台頭によってその軍事的支配下に組み込まれたが、在地領主的性格を強く残し、宇喜多氏家中・宇喜多氏の領国支配とは一定の距離を保ち（主体的に関係しない）、なおかつ秀吉と結節して豊臣政権による大名統制策の一端を担わなかった者。便宜的にこの呼称を与えておきたい。

右の分類を踏まえ、豊臣期宇喜多氏の領国支配を、主たる領導者の変遷から次のように整理する。宇喜多氏の領国支配は、前節に述べた通り、宇喜多直家の死後しばらくの期間は①・②を中核として、彼らが幼主秀家を支えて担っていたが、成人した秀家は自らへの集権化を進める過程で③の層を取り立て、結果的に①・②（長船を除く）を家政の中枢から斥けてゆく。秀家と③は、秀吉の信任厚い①長船紀伊守と連携して、文禄三年（一五九四）惣国検地を断行、統一的知行体系・軍役体系の確立に努める。しかし、慶長三年（一五九八）八月に秀吉が逝き、これに①長船紀伊守の病没（『浦上宇喜多両家記』では慶長二年頃、『戸川家譜』では慶長四年）が複合して、①・②（浮田左京亮・富川達安・花房秀成・岡越前守ら）と③（および③を重用する秀家）との対立が深まり、宇喜多騒動が発生する。この騒動によって①・②が家中を去り、③の中核たる中村次郎兵衛も脱落した。そこで慶長五年九月の関ヶ原合戦に至る短期間ながら、騒動による①～③の壊滅をうけて、領国支配の中心に④明石掃部が据えられた。

さて、この簡単な素描から得られる知見は、かかる宇喜多氏家中の動静が、（宇喜多騒動後の最末期を除けば）他氏の家中と比べてもさして特殊ではないということである。

たとえば、平井上総氏の検討[16]に導かれて土佐の長宗我部氏にその好例を見出す。長宗我部氏権力は当時、大名当主の信頼を得た側近層が、大名権力の集権化政策を進めていた。だが、「成り上がりの側近のみでは、家老自身も含む家臣団の反発などによって政権運営に支障をきたす」懸念があり、「豊臣期後期の長宗我部権力では、当主の信任を元に政権運営の実務を担う側近層と、譜代の地位を元に政治の安定化を担う重臣層（引用者註─久武親直）の、二種類の家臣がそれぞれの役割を果たしていた」と平井氏は言述する。また、こうした出頭人的奉行人に加え、（それらと対抗関係にある）一部の有力家臣（慶長三～五年段階の毛利元康〔毛利元就の八男〕など）を家政の中枢に取り込むことによって領国支配の強化を図った類例は、毛利氏家中においても見出せるという[17]。

予断めくが、宇喜多氏の場合でもこの図式はあてはまるのではないか。「側近層」の中村次郎兵衛らに、「譜代」の長船紀伊守（他の有力家臣を牽制する役割を負う）を加えた党派が領国支配の中心に立ち、彼らの台頭と施策とが大名権力の強化・安定に作用したと。かく見立てると、宇喜多氏家中もまた、豊臣大名家中の一般的特質を備えていたと言い得よう。

第三節　特殊性と脆弱性

以下、宇喜多氏権力を特殊性・脆弱性の二語をもって説明する拙論の妥当性について考える。家中構造に前節の如き結論を得たとはいえ、筆者のこの指摘が全く否定せられるわけではない。

端的に結論を述べれば、豊臣期宇喜多氏が、その有力家臣から自律・独立性を奪って、秀家を頂点とする集権的支配体制を形成することに半ばは成功し、半ばは失敗した事実が、その特殊性と脆弱性とを証明していよう。ここに成功の語を用いたのは、「直属奉行人」の編成といった領国支配体制の刷新を重要視するためであり、また、失敗との表現を持ち出したのは、領国支配の中心から斥けられた有力家臣を結果的に圧伏し得えなかった事実、すなわち宇喜多騒動の惹起を深刻に受け止めるからである。以下、具体的に論じたい。

まず、宇喜多氏権力の特殊性とは、右の如き体制変革が、宇喜多氏それ自体の独力ではなく、豊臣政権の後楯＝秀吉の影響力を主要かつ絶大な推進力として実行されたことに集約できる。

次いで脆弱性とは、宇喜多氏家中の不統一が、秀吉の死（豊臣政権の動揺）によって表面化したと推認できること、つまり宇喜多氏権力の安定が、豊臣政権への依存によって保たれていた点を第一に挙げておこう。

この仮定に誤りがなければ、少なくとも秀家の存在のみでは、支配体制の変革に抗う一部の有力家臣を制御し得なかったと考えざるを得ない。これは秀家による家臣団統制の失敗を意味している。政権への依存云々のみではない。(18)大名としての秀家の未成熟や、不断在京・在坂の秀家に代わって国許を統御する存在を欠いていたこと、秀吉に代わる有力な後援・補佐を秀家が得られなかったこと等々、この失敗を招いた原因いずれもが、宇喜多氏権力の脆弱性を証明する。

秀家その人に焦点を絞ってこの問題をさらに考える。秀吉の遺言「備前中納言《（宇喜多秀家）》事ハ、幼少より御取立被成候」云々[19]を引くまでもなく、秀家は家督継承後ほどない幼少時から秀吉によって種々の優遇[20]をこうむってきた。たとえば戦場で（九州平定時の先陣、文禄時「唐入り」中途からの在朝鮮日本軍の総大将など）。あるいは位階官職で（天正十五年（一五八七）十一月二十二日に正四位下参議、翌年四月八日に従三位、文禄三年（一五九四）十月二十二日に権中納言[21]）。「唐入り」の成功を見込んだ秀吉が、「日本関白」ないし「高麗」国主に秀家を擬したこと[22]も、この人物の立場を物語る。さらに文禄四年七月の秀次事件後には、いわゆる「五大老」の一人として豊臣政権の頂点を形成し、徳川家康・前田利家に次ぐ序列・格式を獲得した。加えて、利家とともに豊臣氏准一門として格別の位置を占め、利家の死去（慶長四年（一五九九）閏三月）後には、形式上、家康に次ぐ格式を有するに至った。秀家は一貫して豊臣政権の中枢に位置付けられていた。

こうした秀家厚遇の背景には、秀吉が「大かう《（太閤）》ひその《（秘蔵）》こ《（児）》」として寵愛し、淀殿と同等の形見分けを指示した豪姫[23]（南御方。前田利家四女で秀吉の養女。一五七四～一六三四）の存在も見え隠れする。主立った秀吉一族の多くが、文禄年間（一五九二～九六）以前に死没（秀長・秀次・秀勝・秀保）するか、他家に入る（小早川秀秋）などして権力中枢から消失したことも見過ごせない。

だが、かかる処遇は、秀吉の姻族という秀家の属性による「形式的」厚遇であった。年若く経験不足の秀家は「実質的」には（秀吉の差配による）薄遇に甘んじている。幼少の秀頼の補佐、不断の在坂・在京による大老合議の形成、そして徳川家康を一定程度牽制するといった、明確さを欠く形式的な、秀家の政治的個性を必ずしも必要としない役割を担うに過ぎなかった。その理由は秀家の若さに加え、秀次事件後の一定期間、大老中ではひとり朝鮮半島に渡海し、政権中枢から遠ざかったことが挙げられよう。政権内序列こそ家康・利家に次ぐが、秀家の実際の立場や影響力は、大老中では底辺に近かった。

さらに慶長四年(一五九九)九月には、「東国衆之儀者在大坂、西国衆の儀者在伏見」という「大閤《秀吉》様御置目」を理由に、徳川家康が在坂の秀家に伏見異動を強制した事件があった(大坂城の秀頼補佐のためか、秀家は強く抵抗したが結果的に家康の指示に屈している)[24]。この悶着から程なく宇喜多騒動も勃発する。かかる多事多難が、大老たる秀家の単独かつ主体的・能動的活動を封じた可能性も考慮すべきであろう。

以上、総括すれば、秀家は若年による経験不足を危ぶまれてか、けだし形式的かつ抽象的な役割を担うに止まっていた。秀吉の後継者秀頼の義兄として将来を嘱望されたに相違ないが、管見の限り政権中枢での主体的・能動的活動はほとんど見出せない。「直属奉行人」の編成といった評価材料を勘案しても[25]、政治的人格としての秀家は発展途上と断ぜざるを得まい。宇喜多氏権力の脆弱性は、かかる当主の器量にも由来するのである。

この秀家の問題と、宇喜多氏権力自体の不安定といった秀家個人に帰せざるべき問題とが収斂のうえ顕在化したものが、件の宇喜多騒動であった。宇喜多氏の家中秩序に致命的な打撃を与えた出来事である。筆者はさらに、危局の収拾に追われた秀家が大老としての満足な働きを阻害されたこと、徳川家康がこの騒動への介入を画期として政権内での影響力を一段と高めた(=豊臣政権の崩壊に拍車をかけた)ことをかつて指摘し、騒動の波及するところをより広く捉えている。

この騒動に肯定的側面を見出す議論もある。森脇崇文氏[26]は、騒動によって家臣団の再編が進み、秀家の意思が末端まで貫徹する支配体制が構築されたという。秀家と対立する有力家臣の家中離脱は、家中秩序を乱したと同時に、秀家による全く随意の家中編成が実現する契機になったとも考えられる。その可能性は認めていい。

だが、秀家の構築にかかる新体制は、機能する時日をほとんど得られず、宇喜多氏自体が関ヶ原合戦の結果（秀家の敗北）崩壊した。従って騒動後の新体制は、実証的な検証が極めて困難であって、あくまでも潜在的にしか評価し得ない。潜在的にしか肯定的な意義を認められない以上、騒動を総合的に評価するならば、筆者はやはり否定的な評価を下しておきたい。宇喜多氏・宇喜多秀家は、大きな可能性を伏在させながら慶長五年に潰えたのである。

秀家の問題から派生して騒動への評価をまとめたのは、この議論からも宇喜多氏権力の脆弱性が浮き彫りにできるからである。たとえば、秀家はその施政の最末期、家中全体に及んだ騒擾事件を経なければ、家中を（みずから満足に統御できるように）再編できなかった、という按配に。

第四節　国替の可能性から

宇喜多氏権力の脆弱性について、別の視点から考えてみる。「五大老」と俗称される豊臣政権下の大々名（徳川家康・前田利家・毛利輝元・小早川隆景・上杉景勝）は、秀吉一門に准ずる前田利家・秀家を除いて、いずれも国替、あるいは領国支配に深刻な（豊臣政権からの）介入をこうむっている。徳川家康は東海から関東、上杉景勝は越後から会津への移封を経験し、毛利輝元・小早川隆景は、小早川氏領国を秀吉の甥（当時秀俊。のちの秀秋）に継承させ、これの筑前から越前への転封によって毛利宗家―小早川家との地理的断絶を強いられた。有力大名といえども、その配置や領国支配は、きわめて流動的な政情あるいは秀吉一個の思考が左右している（なお、前田利家の領国は、天正九年（一五八一）に織田信長から与えられた能登国を除き、いずれも秀吉から新規に宛行われたもの）。

では何故、多くの諸大名が国替を強いられるなか、宇喜多氏が一貫して備前・美作および備中・播磨の一部を領し、移封を経験しなかったのか。宇喜多氏には豊臣政権成立前から秀吉に従っていた前歴と、秀吉の擬制的親族たる立場がある。これを重要視すれば秀吉の優遇策と素直に見て差し支えない。ただ、宇喜多氏の場合、上述の秀家自身・家中統制の問題と紐付けて、次のように見通すこともできる。

あるいは宇喜多氏に国替があり、集権的支配体制の形成が半ば強制的に実行されたと仮定する。しからば、その変革が秀吉の後楯をもって初めて実行し得るものにせよ、宇喜多氏権力はより近世的な領国支配体制を構築し得たはずで、宇喜多騒動の原因も未然に除去できた可能性が高いのではないか。

しかし、秀吉がその方策（国替）を選択せず、宇喜多氏を備作地方にとどめ、自らの梃入れを継続しながら、宇喜多氏の領国支配を認めたのは何故であろうか。

恐らく秀吉がそれを良策と判断しなかった。経験不足の当主秀家のもとでは、国替による新領国の統治・支配体制の構築、（独自の所領支配を行う有力家臣を含む）家臣団の再編を期し難いとの秀吉の配慮があったのではないかと筆者は想像する。

そのほか国替のなかった背景には、毛利氏領国の牽制といった地政学的観点からの宇喜多氏領国の存在意義も一考すべきである。秀家の書判に秀吉の朱印（袖判）を加えて知行を宛行われた富川達安の事例からは、豊臣政権の統制が宇喜多氏の家中や領国支配に及んだとの理解以上に、宇喜多氏（および豊臣政権）と毛利氏との潜在的な緊張関係の持続を推知せざるを得ない。(27)富川に宛行われた知行地の過半は備前国児島と備中国、すなわち毛利氏領国との境界に接する、かつて毛利氏の影響下にあった地域である。宇喜多・毛利両氏の領国境は、天正十年六月、備中高松城攻めの終結以降、同十三年二月に及ぶ「中国国分」交渉によって確定した。その最終局面における「児島之儀、御進退之処、難黙止雖被思召候、備前之内候間、可有御上表之由候」(28)といった秀吉方の迫り様には、毛利方の不満が透けて見える。

宇喜多氏をもって毛利氏を押さえる。しかし宇喜多氏独力では覚束ない。そもそも年若い秀家では領国支配すら安定的に維持し得ない。秀吉は恐らく熟知していた、宇喜多氏には自身のような強力な後楯を必要とすることを。そこで、自らの死後、宇喜多氏権力が破綻を来さぬように、秀吉は自身に代わる後援者を用意していた。岳父前田利家に徳川家康、そして筆者の見るところ毛利輝元である。最晩年の秀吉は、宇喜多・毛利両氏を一体と成し、秀家に西方への警戒を解かしめ、さらに宇喜多氏権力の補完をすら図ったのではないか。輝元は、秀家の娘と毛利秀就（輝元の子）との縁組を指示され、「宇喜多事をハ輝元被懸目候へ、万一相違之事共候ハヽ、頸をねち切候へ、輝元本式者之事に而毎時可有用捨候、家康可被申付候、無左ハ草陰ゟ大閤（ママ）頸を切する」云々と、[29]徳川家康と二人しての秀家後見を委ねられている。かくも厳しい言辞をもって按じられる秀家はやはり、秀吉にとって懸念が残る若者であったに相違ない。

果たして秀吉の意図は外れ、憂いは現実となる。秀家は家中統制に失敗し、その無力を露呈する。戸川達安は「惣別秀家御仕置にてハ国家不相立とハ天下悉しりふらし申事ニ候」と評し、天正十九年に没した秀家姉（容光院）の夫たる吉川広家はこの時期の秀家を「若輩」と表現し「家来区々」と書き付けている。[30]秀家の後楯となるべき前田利家は、秀吉の死から一年を経ずしてこの世を去り、徳川家康は前述の通り秀家を圧迫する一方。毛利輝元も騒動の折、上方に在りながら何等の行動も起こしていない。

おわりに

従来からの筆者の検討を総括して、豊臣期宇喜多氏権力の動向とその相貌を素描した。筆者の力量不足によって論旨に明確さを欠く箇所も多かろうが、宇喜多氏権力の特殊性は、その豊臣政権との関係に帰すべく、また、脆弱性はその特殊性にくるまれた当主秀家や家中・家臣団構造において見出すというのが筆者の見解である。

豊臣期宇喜多氏における領国支配体制の変革は、他の豊臣大名に見出せる類例と大きな隔たりはない。当主権力の強化、「直属奉行人」といった出頭人による領国支配の主導、惣国検地による統一的知行体系の確立等々の施策は、宇喜多氏に限らず他の大名においても試みられた。ただし、それらの背後に豊臣政権の強力な後援があったこと、しかも大名当主の器量・実績といった不安要素を抱えた上に、領国支配の基盤を成す家臣団を結果的に掌握しきれなかった点に、宇喜多氏権力の特殊性・脆弱性を見出すのである。

註

（1）　森脇崇文「豊臣期宇喜多氏における文禄四年寺社領寄進の基礎的考察」（『年報赤松氏研究』二、二〇〇九年。以下、森脇論文A）、同「豊臣期大名権力の変革過程―備前宇喜多氏の事例から―」（『ヒストリア』二二五、二〇一一年。以下、森脇論文B）、同「豊臣期宇喜多氏の構造的特質」（『待兼山論叢』四六史学篇、二〇一二年。以下、森脇論文C）など。拙著『豊臣期の宇喜多氏と宇喜多秀家』（二〇一〇年、岩田書院。以下、拙著A）、同『「大老」宇喜多秀家とその家臣団』（二〇一二年、岩田書院。以下、拙著B）など。近年の研究動向は拙稿「備前宇喜多氏をめぐって」（拙編『論集戦国大名と国衆11　備前宇喜多氏』二〇一二年、岩田書院）を参照。

（2）　以下、第一節は拙稿「序章」（拙著B所収）、第二節～第四節は拙稿「終章」（拙著B所収）での議論にそれぞれ基づいている。

（3）　森俊弘「年欠三月四日付け羽柴秀吉書状をめぐって―書状とその関係史料を再読して―」（『岡山地方史研究』一〇〇、

二〇〇三年）、拙稿「宇喜多忠家について」（『岡山地方史研究』一〇六、二〇〇五年。「宇喜多忠家」と改題・加筆のうえ拙著Ａ所収）、森脇論文Ｂなど。本文中の各氏の関係は『戸川家譜』・『戸川家旧記』に基づく。

（4）『戸川家譜』は戸川達安の子源兵衛安吉（庭瀬藩家老）の編著（国立公文書館所蔵。『早島の歴史』三・史料編、一九九九年所収）、延宝五年（一六七七）成立の『浦上宇喜多両家記』もまた、戸川安吉の述作と見られる（金沢市立玉川図書館近世史料館加越能文庫所蔵。『備作之史料（五）金沢の宇喜多家史料』備作史料研究会、一九九六年所収）。いずれも戸川達安ら宇喜多氏関係者による口伝の反映を読み取るべきで、編纂物といって一概にその記事を斥けるのは失当との誹りを免れまい。

（5）しらが康義「戦国豊臣期大名宇喜多氏の成立と崩壊」（『岡山県史研究』六、一九八四年。以下しらが氏の見解はすべて同論文による）、拙稿「宇喜多秀家論」（『史敏』六、二〇〇九年。加筆して拙著Ａ所収）など。

（6）拙稿「宇喜多氏家臣の叙位任官」（『年報赤松氏研究』二、二〇〇九年。加筆して拙著Ａ所収）。

（7）森脇論文Ｂ。以下「直属奉行人」の定義・呼称は同論文に基づく。

（8）前掲註（5）しらが論文。森脇論文Ａなど。

（9）森俊弘「岡山城とその城下町の形成過程―地誌「吉備前鑑」の検討を中心に―」（『岡山地方史研究』一一八、二〇〇九年）。

（10）森脇論文Ａ。

（11）（文禄四年カ）四月十日付楢村監物宛日惺書状（板津謙六「松田氏の滅亡と日蓮宗不受不施派の一考察」『岡山県地方史研究連絡協議会会報』別冊、一九六五年所収）。

（12）本文中の宇喜多騒動に関する議論・評価は、以下の拙稿に基づく。拙稿「宇喜多氏の家中騒動」（『岡山地方史研究』

一〇九、二〇〇六年)、同「秀吉死後の宇喜多氏―いわゆる宇喜多騒動を中心に―」『日本歴史』七二七、二〇〇八年)。いずれも増補のうえ「宇喜多騒動の経緯」・「宇喜多騒動の展開と結果」と改題して拙著A所収。

(13)(慶長五年)五月二十二日付種村肖椎寺宛前田利長書状(『武家手鑑』下ノ四〇。『前田育徳会尊経閣文庫所蔵　武家手鑑　解題・釈文』臨川書店、一九七八年所収)。

(14)前掲註(3)拙稿「宇喜多忠家について」。

(15)拙稿「花房秀成の来歴一端」(『戦国史研究』六一、二〇一一年。「花房秀成の基礎的考察」と改題・加筆のうえ拙著B所収)。

(16)平井上総『長宗我部氏の検地と権力構造』(校倉書房、二〇〇八年)第八章「豊臣期長宗我部氏における権力構造の変容」。本文中の引用は同書二九六～二九七頁。以下、平井氏の見解はすべて同論文による。

(17)光成準治『中・近世移行期大名領国の研究』(校倉書房、二〇〇七年)第六章「毛利氏行政機構の進展と給人統制」。

(18)秀次事件後、不断在京を約した秀家は、朝鮮への渡海も加わって、その国許不在が常態化していた(文禄四年七月二十日付宇喜多秀家血判起請文。『木下家文書』山陽新聞社編『ねねと木下家文書』山陽新聞社、一九八二年所収)。かかる大名当主の不在に対し、長宗我部氏の場合は、新旧当主(長宗我部元親・盛親親子)が互いの権限を共有・補完し合っていた(前掲註(16)平井論文)。

(19)『浅野家文書』一〇七。

(20)以下の秀家についての議論・評価は、前掲註(5)拙稿「宇喜多秀家論」、同「「大老」宇喜多秀家」(拙著B所収)に基づく。

(21)「菊亭晴季武家補任勘例」(『上杉家文書』一一九六)に拠る。矢部健太郎「太閤秀吉の政権構想と大名の序列」(『歴史評論』六四〇、二〇〇三年。のち同『豊臣政権の支配秩序と朝廷』吉川弘文館、二〇一一年所収)をあわせて参照のこと。

(22) 天正二十年五月十八日付豊臣秀次宛秀吉朱印状(「前田尊経閣文庫所蔵文書」。桑田忠親『太閤書信』地人書館、一九四三年所収)。

(23) (文禄二年カ)「おね」宛秀吉消息(「賜蘆文庫文書」。前掲註(22)『太閤書信』所収)、(慶長三年カ)銅銭支払覚(『豊太閤真蹟集　上』東京帝国大学史料編纂所、一九三八年所収)。後者は秀吉による「てんしゅ《天守》」(伏見城カ)所蔵の銅銭処分についての覚書(『豊太閤真蹟集　解説』東京帝国大学史料編纂所、一九三八年)で、一万貫を「まんところ《北政所》」、七〇〇〇貫を「おちゃ〳〵《淀殿》」・「ひせんの五もし《豪姫》」に分与するとある。豪姫については拙稿「豪姫のこと」(『岡山地方史研究』一二二、二〇一〇年。「豪姫のことども」と改題・加筆のうえ拙著B所収)を参照。

(24) (慶長四年)九月十三日付毛利秀元宛毛利輝元書状(「長府毛利家所蔵文書」。大阪城天守閣編『五大老』二〇〇三年所収)、『看羊録』(朴鐘鳴訳注、東洋文庫、一九八四年)、拙稿「宇喜多秀家の関ヶ原合戦」(拙著A所収)を参照。

(25) 森脇崇文「書評　大西泰正著『豊臣期の宇喜多氏と宇喜多秀家』」(『日本史研究』五八六、二〇一一年)では、かかる筆者の評価が、一面的であるとして疑義を呈している。

(26) 森脇論文B・C。

(27) 文禄三年九月十二日付富川達安宛宇喜多秀家判物(東京大学史料編纂所所蔵「秋元興朝所蔵文書」。『久世町史』資料編一・編年史料、二〇〇四年所収、一三八九号文書)、および拙稿「富川達安をめぐって―豊臣期宇喜多氏権力の一断面―」(『倉敷の歴史』二一、二〇一一年。「富川達安をめぐって」と改題・加筆のうえ拙著B所収)を参照。この知行宛行状の評価については、前掲註(5)しらが論文、三鬼清一郎「豊臣秀吉文書に関する基礎的研究―続―」(『名古屋大学文学部研究論集』(史学)三五、一九八八年)、小川雄「徳川権力と戸川達安―慶長年間を中心として―」(『十六世紀史論叢』三、二〇一四年)もあわせて参照のこと。

(28)(天正十三年)正月十七日付井上春忠宛黒田孝高・蜂須賀正勝連署状(『小早川家文書』四三一)。なお、(天正十三年)二月十二日付湯浅将宗宛口羽春良書状(『萩藩閥閲録』三、山口県文書館、一九七〇年所収)は、「境目出入等之儀、芸州《(毛利輝元)》如被申ニ分別被仕、松山《(備中)》・八橋《(伯耆)》之儀此方へ被返付分候、児島之儀者備前之内ニ候間、宇喜多ニ遣度と被申候キ」との秀吉の言を伝えている。

(29)(慶長三年)八月十九日付内藤元家宛内藤周竹(隆春)書状(『萩藩閥閲録遺漏』山口県文書館、一九七一年所収)。跡部信「秀吉独裁制の権力構造」(『大阪城天守閣紀要』三七、二〇〇九年)もあわせて参照のこと。なお、この縁組について森脇崇文氏は前掲註(25)書評において「宇喜多氏を鎖として毛利氏を豊臣政権に引き付ける方策とみるべき」と指摘する。

(30)(慶長五年)八月十八日付(明石掃部宛)戸川達安書状案(「備前水原岩太郎氏所蔵文書」六。藤井駿・水野恭一郎編『岡山県古文書集』三、山陽図書出版、一九五六年所収)、および(慶長六年)吉川広家自筆覚書案(『吉川家文書』九一七)。

(平成二十六年八月稿)

文禄期「唐入り」における宇喜多秀家の立場について

―豊臣秀勝との関係から―

天正二十年(文禄元年、一五九二)に開始された太閤豊臣秀吉による「唐入り」(いわゆる文禄の役)において、備前岡山の大名宇喜多秀家が与えられた立ち位置を整理しておきたい。(1)

秀家の膝元であった岡山県地域での伝承では、秀家はこの「唐入り」に総大将として出陣したという。(2)岡山藩士土肥経平の編著で、現在もなお戦国・豊臣期の通説的備前地域史に大きな影響を有する『備前軍記』(3)にも、「秀家諸国出陣幷朝鮮征伐の総大将の事」との一条に、「天正十九年三月豊臣太閤命じて秀家を朝鮮征伐の総大将とす」云々とある。

実際はどうだったのか。右のような理解を裏付ける確たる根拠はない。開戦当初は秀吉も渡海する予定であったから、そもそも総大将が不要であったと考えるのが自然でもあろう。(4)同時代史料から見えるのは、総勢九軍編成のうち秀家の率いる一万人は八番手(「八番」)で、当初は対馬在陣を命ぜられた、という程度で、これは朝尾直弘氏が(5)『岡山県史』において的確にまとめている通りである。

しかし秀吉渡海の目論見は、繰り延べを経て結局実現しなかった。ここで朝尾氏は、『黒田家譜』を引き、(天正二十年)六月に漢城で開かれた軍議において、秀家が「惣大将」と記されている点に着目する。すなわち次のような推定を試みた。「秀吉の渡海延期によって、秀家が在朝鮮軍の惣大将になったものと思われる」と。ただ、この見方の根拠が近世編纂物（『黒田家譜』）であるという憾みは残る。

この問題を同時代史料から考えることはできないのか。北島万次氏は、(6) 戦局の悪化にともない、文禄二年（一五九三）二月、秀吉が、秀家を「大将」とし、指示系統の一本化（「其国之儀、条ゝ以一書、備前宰相《（宇喜多秀家）》かたへ被仰遣候間、得其意、各相談、無越度様可仕候」）を図るよう指示したことなどをもって、「宇喜多秀家を中心に、現地における諸大名の結束が図られるようになった」との評価を下している(7)。中野等氏(8)も同じく、秀家を核とする秀吉からの指令伝達経路の確立を重視し、「ここにいたって宇喜多秀家は現地の「大将」として、他の諸将とは別格の立場に位置づけられ」、「現地軍を指揮する権限が付与された」と論じている。

したがって小稿の問題には先ず以下の通りこたえたい。文禄二年二月、在朝鮮日本軍の再編が試みられ、そのなかで秀家が大将に位置づけられたと。

では、それ以前の秀家はいかような立場にあったのか。既出中野氏は（総大将は渡海予定の秀吉であるとした上で）秀家は「他の諸将と同列の存在」ながら「漢城にあって前線の諸将を統括する立場にあった」と述べており、氏の紹介するところの事例（漢城への駐留や、秀吉が加藤清正に宛てて、朝鮮国王の身柄を確保した場合、漢城の秀家のもとに預けるよう指示した件など）もその評語にかなっている。

秀家の漢城配置については、（天正二十年）五月十八日付の秀吉朱印状(9)や、同日付の山中長俊（橘内、秀吉の右筆）書状(10)も参照しておこう。前者には「高麗之儀者、岐阜宰相《（豊臣秀勝）》歟、不然者備前宰相《（宇喜多秀家）》可被置候」、後者には「かうらい《（高麗）》のミやこ《（都）》にハきふのさい相殿《（豊臣秀勝）》・ひせんのさい相殿《（宇喜多秀家）》、このうち一人すゐさせらるへきよしに候」とある。もっとも前者（秀吉朱印状）には、「日本関白は大和中納言《（豊臣秀保）》・備前宰相《（秀家）》両人之内、覚悟次第可被仰出事」ともあるから、この時点での秀家の立場は依然流動的であったとも見なせよう。

開戦の年の十月、奈良興福寺の多聞院英俊は左のような風聞を耳にしている。「高麗ニテ安藝ノモリ《毛利輝元》・備前ノウキタ《宇喜多秀家》・ミノ《豊臣秀勝》、小吉、究意《竟》ノ衆煩ニテ死了」[11]。これら屈強の衆の病死説は、もとより無責任な「口遊」であろうが、半ば当たり、半ば外れというべきであった。毛利輝元・豊臣秀勝（秀吉の甥）の両人は実際に病を得、秀勝は九月に朝鮮の唐島（巨済島）において没している。秀家については（管見の限り）別状はなかったらしい[12]。

以下は私見であり、小稿の問題への第二の解答である。文禄二年二月に秀家が在朝鮮日本軍の大将を任せられたのは、この秀勝の死が大きく作用したのではないか。漢城に秀家か秀勝を据えることは既定方針であったし、「唐入り」といいながら、実際には朝鮮半島での戦いに終始したから、諸将を統べるには漢城の誰かをその任に充てることが穏当である。加えて、秀吉の渡海延期と中止とにともなってその代理を探した場合、秀吉の縁続きである秀家ないし秀勝、というのがもっとも異論の少ない人選であろう。よって秀勝が戦病死した上は、在朝鮮日本軍の頂点に秀家が立つことを必然視できるのではないか。

過去に筆者は、秀吉朱印状に見える「備前宰相《宇喜多秀家》若候間」といった記述から、秀家の器量に対する秀吉の不安視や、秀家の経験不足を想定してきた[13]。けれども、若年であっても、在朝鮮日本軍の中核たるべく、秀家が必要とされた場面は確かに存在したのであり、彼の評価にはそうした部分をも勘案・加味しなければならないだろう[14]。

註

（1）この問題は、拙稿「宇喜多秀家論」（『史敏』六、二〇〇九年。加筆して拙著『豊臣期の宇喜多氏と宇喜多秀家』岩田書院、二〇一〇年所収）でも言及した。参照されたい。

（2）この説を採るのは、立石定夫『戦国宇喜多一族』（新人物往来社、一九八八年）一三四頁、『岡山県歴史人物事典』（山陽新聞社、一九九四年）「宇喜多秀家」の項（加原耕作執筆）、渡邊大門『宇喜多直家・秀家』（ミネルヴァ書房、二〇一一年）一八七頁など。なお、渡邊著書では「秀家が総大将を務めていたことは、同年（引用者註―天正二十年）二月の秀吉の朱印状からもうかがうことができる（「大阪城天守閣所蔵文書」）」とするが、該当する史料は三鬼清一郎編『豊臣秀吉文書目録』（名古屋大学文学部、一九八九年）などからも見出せず、詳細不明である。なお博雅の示教を得たい。
（3）『吉備群書集成』三（吉備群書集成刊行会、一九二二年）所収。
（4）（天正二十年）三月十三日付秀吉朱印状「高麗へ罷渡御人数事」（『毛利家文書』八八五）。
（5）『岡山県史』六・近世Ⅰ（一九八四年）第一章第一節、四一～四二頁。
（6）北島万次『豊臣政権の対外認識と朝鮮侵略』（校倉書房、一九九〇年）第五章補論「第一次朝鮮侵略の挫折と兵力の再編」三三四～三三五頁。
（7）（文禄二年）二月十八日付鍋島直茂宛秀吉朱印状（「鍋島家文書」五〇）。
（8）中野等『秀吉の軍令と大陸侵攻』（吉川弘文館、二〇〇六年）「軍勢の再編成と戦線の見直し」一五七～一六〇頁。
（9）（天正二十年）五月十八日付豊臣秀次宛秀吉朱印状（「前田尊経閣文庫所蔵文書」）。桑田忠親『太閤書信』地人書館、一九四三年所収）。なお、過去に筆者はこの文書中の「岐阜宰相」を織田秀信に比定したが、実際には豊臣秀勝のことと考えられる。前掲註（1）拙稿、前掲註（8）中野著書一九一頁を参照。
（10）（天正二十年）五月十八日付御ひかしさま・御きやくしんさま宛山中長俊書状（「組屋文書」六。『福井県史』資料編九、中・近世七、一九九〇年所収）。
（11）『多聞院日記』天正二十年十月二十三日条。
（12）渡辺世祐『豊太閤の私的生活』（講談社学術文庫、一九八〇年。初版一九三九年）七〇頁に、毛利輝元・豊臣秀勝と同

じく、宇喜多秀家も病を得たとの記述があるが、管見の限り事実関係を確認できなかった。後考を俟ちたい。

（13）前掲註（1）拙稿。

（14）この点については、森脇崇文「書評　大西泰正著『豊臣期の宇喜多氏と宇喜多秀家』」（『日本史研究』五八六、二〇一一年）も参照されたい。

（平成二十四年三月稿）

宇喜多秀家の処分をめぐって

はじめに

慶長五年（一六〇〇）九月十五日、関ヶ原合戦は徳川家康の勝利に終わった。敗北した諸将のうち、石田三成ら主立った者は自害あるいは斬首に処されている。唯一の例外は、西軍の主力を成した宇喜多秀家である。秀家は徳川方の追捕から逃れ、薩摩国に落ちて島津氏に匿われた。

秀家の存命はやがて明らかとなり、慶長八年八月、秀家自身が伏見へ出頭して、徳川方の処断を仰いだ。小稿はこの秀家の潜伏と処分とをめぐる諸事象について緻密な再検討を行い、幾つかの事柄について通説の見直しを図るものである。

ただし、この問題については戦前の『鹿児島県史』(1)（以下『鹿』）が剴切な整理を行っており、結論から言って、事実関係の大枠は右書にほとんど言い尽くされ、同時代史料【表1】の内容との整合度も高い。

【参考】『鹿児島県史』第二巻・第二編第一章（一部抜粋）

関ヶ原役西軍の謀将宇喜多秀家は、同六年六月、山川に来奔し、義弘は之を迎へて牛根に置き、其の家臣の来り投ずる者数十人に及んだ。忠恒また之等が助命を計り、同八年正月、伏見を発して帰国する際、私かに島津忠仍・北郷三久を以て、山口直友に其の事を報じ、秀家の赦免を訴へさせたので、山口は本多正信と議し、和久甚兵衛を薩摩に遣し、先づ同人を上洛せしめた上、恩免を願出るべき旨を伝へた。忠恒は、桂忠詮・正興寺文之をして、八月六日、牛根を発して、秀家を伏見に送らしめ、山口は本多正純と議して、之を家康に達し、遂に死一等の赦免を見た。即ち、秀家は暫らく駿府に置かれ、駿河久能山に蟄居を命ぜられたが、次いで八丈島に流され、此の問題も、幕府と島津氏との円滑な関係により、略々忠恒の希望通りに解決したのである。

そこで、小稿の課題を以下の①～③の如く絞り込む。まず①薩摩入国から徳川方による処分の確定に至る秀家の動向を時系列に沿って確認したい。『鹿』の叙述についても逐次確認を行い、加えるべき知見があれば提示する。次いで②秀家処分（助命）の背景には、『鹿』の述べる島津氏に加え、先行研究（原田伴彦・柴田一・立石定夫）(2)によれば、加賀前田氏の助命嘆願があったという。島津氏以外に秀家を弁護するものがあったか否かを検討したい。また、③従来は周囲の助命嘆願が強調される傾きがあり、秀家自身がこの一連の出来事にどのように関わったのか、その点にはほとんど注意が払われていない。『鹿』では言及されない秀家の出家についても薩摩潜伏時（朝尾直弘・加原耕作・筆者など）(3)、または助命後（原田伴彦・人見彰彦など）(4)と記述が区々である。こうした問題も含めて、秀家の姿勢や動向について検討したい（以下、本文中の№は【表1】に準拠する）。

【表1】宇喜多秀家関係文書一覧（関ヶ原合戦以後、八丈配流以前）

No.	年月日	西暦	差出	宛所	出典
1	（慶長六）五・一	一六〇一	秀家	難波助右衛門	『岡山県史』家わけ文書「備前難波文書」
2	（慶長六）六・六	一六〇一	島津義弘	島津忠恒	「薩藩旧記」一五一三
3	（慶長六）六・六	一六〇一	島津忠恒	島津義弘	「薩藩旧記」一五一四
4	（慶長六）六・二九	一六〇一	休復	島津忠恒	「薩藩旧記」一五一六
5	（慶長六）八・二	一六〇一	鎌田政近	伊勢貞昌・本田親商・喜入久正	「薩藩旧記」一五二九
6	（慶長八）四・五	一六〇三	島津義弘	島津忠恒	「薩藩旧記」一八〇六
7	（慶長八）七・二六	一六〇三	島津義久	島津義弘	「薩藩旧記」一八四五
8	（慶長八）七・晦日	一六〇三	島津義弘	島津忠恒	「薩藩旧記」一八四六
9	（慶長八）八・五	一六〇三	島津義弘	島津忠恒	「薩藩旧記」一八四七
10	（慶長八）八・一四	一六〇三	山口直友	島津忠恒	「薩藩旧記」一八五〇
11	（慶長八）八・二〇	一六〇三	島津忠恒	西笑承兌	「武家手鑑」
12	（慶長八）八・二八	一六〇三	休復	西笑承兌	「西笑和尚文案」紙背文書
13	（慶長八）九・二	一六〇三	比志島国貞	樺山久高・鎌田政近	「薩藩旧記」一八五五
14	（慶長八）九・二	一六〇三	山口直友	島津義久	「薩藩旧記」一八五六
15	（慶長八）九・五	一六〇三	圓光寺	島津義久・島津忠恒	「薩藩旧記」一八五九
16	（慶長八）九・七	一六〇三	比志島国貞	図書入道・樺山久高・鎌田政近	「薩藩旧記」一八六三
17	慶長八・九・九	一六〇三	山口直友	島津忠恒	「島津家文書」一－四八九
18	（慶長八）九・二〇	一六〇三	山口直友	島津忠恒	「薩藩旧記」一八六六
19	（慶長八）九・二七	一六〇三	（島津義久）	山口直友	「薩藩旧記」一八六七
20	（慶長八）一〇・一	一六〇三	島津義弘	島津忠恒	「薩藩旧記」一八七一
21	（慶長八）一〇・一八	一六〇三	（島津義久）	細川幽斎	「薩藩旧記」一八七二
22	慶長八・一一・一八	一六〇三	島津忠恒	桂太郎兵衛尉	「薩藩旧記」一八八九
23	（慶長八）一二・五	一六〇三	山口直友	島津忠恒	「薩藩旧記」一八九一
24	（慶長八）一二・六	一六〇三	圓光寺	島津忠恒	「薩藩旧記」一八九二
25	（慶長八）一二・二八	一六〇三	本多正純	島津忠恒	「薩藩旧記」一八九七
26	（慶長八）一二・二八	一六〇三	本多正純	島津義弘	「薩藩旧記」一八九九
27	（慶長九）一・一二	一六〇四	本多正信	島津忠恒	「薩藩旧記」一九〇四
28	（慶長九以降）五・一三	一六〇四～	休復	難波助右衛門	『大日本史料』第十二編之一「難波文書」

『大日本史料』第十二編之一（慶長八年八月六日条、同年九月二日条）、しらが康義「宇喜多氏関係史料目録」（深谷克己編『岡山藩の支配方法と社会構造』早稲田大学文学部、一九九六年）などを参考に作成。

『鹿児島県史料　旧記雑録後編三』（鹿児島県維新史料編さん所、一九八三年）は「薩藩旧記」と略記。

第一節　秀家の薩摩入国とその出家

ここでは薩摩入国をめぐる秀家の動向を整理する。関ヶ原での敗戦後、秀家は美濃の山中から近江へ出、大津・醍醐を経て伏見より川船をもって大坂へ下り、引き続き海路をとって薩摩へ至ったという（『慶長年中卜斎記』など）。薩摩入国は、『鹿』および立石定夫・桐野作人両氏[5]が指摘するように、翌慶長六年（一六〇一）六月のこと。この出来事の唐突さは、島津忠恒の述懐「備前前之中納言（宇喜多秀家）不意此国へ被走入候」からも窺われる（No.11）。この仔細を二つの史料から確認したい。

【史料1】（慶長六年）六月六日付島津忠恒宛島津義弘書状（No.2）（一部抜粋）

山川へ着船候京衆之申分為可承、伊勢平左衛門尉（貞成）彼地へ可指越之由、龍伯様（島津義久）貴所（島津忠恒）御談合ニ而承候、尤ニ存候、然共鹿児島・冨隈之間より今一人被仰付候而、両人ニ而可承事、可然存之条、それより可被仰付之由、可申事ニて候へとも、左候て程移候へハ、何たる急用にても欤可在之候哉らんと存、相良新右衛門尉（長泰）鹿児島に在之之由候まゝ、従是申付候、為御存候、

【史料2】（慶長六年）六月六日付島津義弘宛島津忠恒書状（No.3）（一部抜粋）

猶〻いそき申候間、よめ申ましく候、以上、

平左衛門尉（伊勢貞成）山川へ御遣候哉、尤存候、然者相新右衛門尉（相良長泰）被仰付候哉、一段尤ニ存候、為何事共にて候哉と、こゝもとも申事ニ候、いろ〳〵うらかた（占形）共申候へハ、めてたき事と申候まゝ、早〻承度との申事にて候、将又龍伯（島津義久）

様へも右之御状之通可申上候、

前者からは、山川港（薩摩半島）へ着船した「京衆」の「申分」を確認するため、島津義久・忠恒が「談合」して伊勢貞成（平左衛門尉。義弘家臣）の派遣を指示したことが読み取れる。島津義弘はその対応を認めつつ、「鹿児島・冨隈之間より今一人」＝忠恒・義久のもとから今一人家臣（相良長泰）を追加派遣すべきことを述べ、いかな急用あるか知れずと早々その手配も行っている（№２）。

この書簡を当日のうちに受け取った忠恒は、慌ただしく返書をしたためる。「為何事共にて候哉」と、忠恒も戸惑っていたらしい。義弘の対応（伊勢貞成・相良長泰の山川港差遣）を認めたうえで、（「京衆」の来薩について）吉凶を占ったところ「めてたき事」との結果を得た。そこで忠恒は（「京衆」の来薩を）承認し、島津義久にも報告を行った（№３）。

秀家入薩に対する島津方の反応は以上の通り。なお、筆者は「京衆」（№２）＝秀家という前提に立っているが、念のためこの点について説明しておきたい。この解釈は前掲史料（№２・３）の内容や島津方の慌ただしさが、「備前前之中納言（宇喜多秀家）不意此国へ被走入候」との忠恒の述懐（№11）と整合性を有することに裏打ちされる。「京衆」＝秀家の妥当性は、次掲史料（№４）の内容に徴しても高い。たとえば、前掲史料（№２・３）において、「京衆」対応のため山川港へ出向いた伊勢貞成が、次掲史料（№４）で秀家の意を忠恒に取り次いだらしき点も「京衆」＝秀家という理解を後押しする。迂遠ながら、以上をもって筆者は「京衆」＝秀家と理解した次第である。

【史料３】（慶長六年）六月二十九日付島津忠恒宛休復書状（№４）（一部抜粋）

猶〻我等名之事、先度者成元と申候へとも、さしあい御座候間、休復とかへ申候、為御心得如此候、以上、

今後者身上之儀奉頼罷下処、無別儀御許訟（訴）、誠以忝次第、申謝候、殊重畳御懇之段、更ニ難申伸候、頓以本札
可得貴意処、却而如何ニ候、延引背本意候、猶伊勢平左衛門尉殿（貞成）申入候、恐惶謹言、
「朱カキ」
「慶長六年」六月廿九日　　休復（花押）
―― ――　　〆
（島津忠恒）
羽少将様　　休復
人々御中

次いで右の史料（№4）から秀家の動向を考えておく。秀家は自らの亡命について「無別儀御許訟（訴）」、――恐らく島津氏（忠恒・義久・義弘）の許可を得たことを謝し、あわせて改名（出家）について報じている。秀家は「成元」と改めたが、「さしあい」＝何か差し支えがあって、再度「休復」と名を変えたという。（同年）五月一日の時点での名乗りは「秀家」であるから（№1）、秀家は慶長六年五月～六月の間に出家したと判明する。[6]さらにいえば、秀家の出家は薩摩入国後と推断できよう（以後、秀家は「休復」と号すが、小稿の本文中では煩を避けるため引き続き秀家と表記する）。

入国したのは秀家一人ではなかったらしい。『鹿』では、秀家に加えてその家来数十人が来薩[7]したという。『鹿』が参照した（と思しき）『三国名勝図会』（巻之四十四）にはこの人数が「数十百人」とあ

【図1】休復（秀家）花押（№28「難波文書」『大日本史料』第十二編之一所載）

るが、いずれも概数であって確たる根拠は目下のところ見出しがたい。具体的実例も後述の「小瀬中書」（小瀬中務）ただ一人である。詳細は不分明ながら、ここでは落人たる秀家に、幾人かの随行者のあった可能性を認めておくにとどめたい。なお、秀家の子息は慶長五年十二月に（恐らくは京から）江戸へ移送され、[8]以後徳川方の監視下に置かれたようである。

以上、慶長六年六月に秀家が入薩し、島津氏は不審を抱きながらもこれを歓迎したことと、恐らく入薩を期に秀家が出家し、「成元」次いで「休復」と名乗ったこと等を指摘した。

第二節　秀家の出頭

徳川方には自害と届け出られ、一般にもそう理解された秀家は、実際には一命を長らえていた。島津方でも秀家受け入れの後、その身上について情報収集を行っている。（慶長六年〔一六〇一〕）八月二日付で鎌田政近（島津氏重臣）が伊勢貞昌らに宛てた書状（No.5）には、「頃京・大坂物沙汰」として「備前之宰相殿（秀家）ハ御はて候共申、又景勝（上杉）・前田肥前守殿（利長）間を御頼候なと、も申候、御はて候が治定ニ候哉と、過半沙汰にて候」とある。京・大坂では、上杉景勝ないし前田利長が秀家を匿っている、との取沙汰もあるが、ほとんどの者は秀家死亡説を採っていたという。

世評は移ろい易い。[9]秀家存命の取沙汰は、筑前福岡の大名黒田長政の家臣に転じていた明石掃部（秀家旧臣）に致仕を迫ったように、けだし真実味を増しながら伝播していった。およそ隠し通すことは難しい。やがて島津方から徳川方にこれを報知するに至った。

秀家出頭に至る経緯は、管見に入った同時代史料【表1】からは明確化できない。「年久キ家を我等絶シ申事いやニ思食、無理ニ御上り候」云々と、島津氏の慰留を振り切って秀家から出頭を願い出たとの伝承[10]もあるが、史実か否か見極めは難しい。

では、冒頭に掲げた『鹿』の該当箇所は何に依拠したのかというと、『島津家譜』[11]といった編纂史料の記事を祖述したかに思える。以下参考までに、同書の記述内容を拾っておこう。

『島津家譜』によれば、（本領安堵の御礼言上のため）上方にあった島津忠恒が、徳川家康から帰国を許された折（慶長八年正月）、山口直友（旗本。取次として島津氏との交渉にあたる）に対して、秀家の薩摩入国を打ち明け、その助命を図る意志を伝えて方策を求めたという。直友は本多正信と内談して返答する旨を答え、後日、与力の和久甚兵衛なる人物を薩摩へ派遣し、秀家を上京させ訴訟に及べば、本多正信が便宜を図る旨を島津忠恒に伝えたという。――すべて史実とは無論いえないが、同時代史料との一致（秀家の薩摩出立および伏見着の日次など）といった信頼すべき史料に依拠した形跡もある。同時代史料ではないが『当代記』巻三[12]（慶長七年条）の記述「去子年（慶長五年）より浮田八郎（宇喜多秀家）薩摩島津所々隠居之処に、内府（徳川家康）公儀次第可有成敗歟之由、島津又八（忠恒）言上、是は於伏見、十二月下旬出仕之砌如此言上云々」とも通底する。貴重な伝として逸するべきではあるまい。

ところで、島津忠恒は上方滞在中の某日、在京の「休復之袋」（秀家実母の圓融院）を訪ねて伽羅一斤を贈っている[13]。けだし「休復之袋」へ秀家の消息を伝えるための接触であろうが、この件を島津義久から伝え聞いた島津義弘は、「殊に今時分、休復之袋なとへ結構成御音信共者、山口殿（山口直友）なと被聞付候而、取沙汰もいかゝと思召由候哉」云々と、忠恒に自重を求めている（№６）。公儀の目を憚った秀家やその実母の面影を伝える点で、これは極めて興味ある逸話とすべきだろう。

では、同時代史料から秀家の出頭それ自体について考えてゆく。慶長八年七月二十六日、島津義久は義弘に宛てて、

「休覆《（ママ）》」＝秀家の上洛を「所好にて候間、別儀有ましく存候」と前向きに認めて、秀家護送には「かこしま《（鹿児島）》其元ゟたるへく」＝忠恒・義久のもとから人を付けるべきことや、すでに僧侶「正興寺」には（秀家とともに上洛することを）申し付けてあることを報じている。これらを「和久甚へ早ゝ談合尤候」とあるから、『島津家譜』の記述通り、和久甚兵衛が秀家出頭のため入薩していたのだろう。なお、この書面には「彼一儀」（秀家出頭の件であろう）を「小瀬中書」に言い聞かせるように云々とあり、秀家にその家臣小瀬中務[14]が従っていたことがわかる（№7）。

その後、秀家の出立には十日程を要している。「休復老上洛之返事」が一昨日届いたという、七月晦日付の島津義弘書状（№8）によると、秀家の上洛が遅れていると和久甚兵衛の「腹立」が報じられる。しかし「かやう成事者、京も田舎も始末をよく分別候ハねは不相調候故、少ゝ延引申之由、能ゝ可被仰分事肝心に存候」と、義弘は動じていない。

八月六日に至って秀家は出立した。その前日の島津義弘書状（№9）に「休復事必明日六日牛祢発足在之由申来」と述べ、また、（秀家との）暇乞いのため今晩（八月五日）福山まで赴く所存とも述べている。

ところで、ここまで触れずに来たが、この義弘書状（№9）によって秀家の潜伏先が大隅国「牛祢」（牛根）であったことが判明する。入薩当初から秀家が牛根に匿われていたのか否かは確認できないが、少なくとも出頭直前の時点において秀家の寓居が牛根にあったことは間違いない。もっとも秀家の牛根寓居は、「家久公御譜」・「義弘公御譜」といった編纂史料の記述とも一致し、これらの書物は牛根以外の居宅を記していないから、秀家は一貫して牛根に在ったと見ても大過あるまい。

かくて秀家は薩摩国を出立した。島津忠恒は家臣桂太郎兵衛に警護させ、「正興寺文之」という禅僧（恐らくは各方面への折衝役）を添えて、秀家を上京させたのである（両者の随行は№13・14・15などから確定できる）。目指す伏見には将軍宣下後まもない徳川家康が待っている。後日この働きによって桂太郎兵衛には恩賞（信国の脇差）が下されたが、秀家随行の指示については「其方可相付之由俄申候処」云々とある通り、その出立は慌ただしいものであったらしい（№22）。なお、「正興寺文之」は、鉄炮伝来の経緯を伝える『鉄炮記』を著したことでも知られる南浦文之（一五五五～一六二〇）その人である。

以上、秀家の潜伏とその出頭までの事実関係を確認した。出頭に至る経緯については編纂史料から推測のほかないが、出頭それ自体については、同時代史料から『鹿』の「忠恒は、桂忠詮・正興寺文之をして、八月六日、牛根を発して、秀家を伏見に送らしめ」云々という記述が裏付けられ、さらに幾つかの知見を加え得た。

第三節　秀家の赦免とその久能配流

慶長八年（一六〇三）八月二十七日、秀家が伏見に到着、その処分は翌月の九月二日に下された。助命が決まった。秀家の配流先は駿河国「くの」である。

ただし、秀家上京を促す八月十四日付の（島津忠恒宛）山口直友書状（№10）には「彼御身命之儀別条有間敷と存候」「中納言殿御事御別条有間敷と存候間、御心安可被思召候」とあって、八月中旬の時点で、秀家助命は確定していたらしくもある。これらの点につき以下の史料を見ておこう。

【史料４】（慶長八年）九月二日付樺山久高・鎌田政近宛比志島国貞書状（№13）（一部抜粋）

一休復老御進退之事御侘言罷成、駿河之内くのと申在所へ可有御堪忍由被仰出候、奥州之ハてニも可被遣処ニ、ほ

と近く御座候事、是も島津殿御手柄ニて候由、諸人之取沙汰非大方ニ候、従　公方様も被対島津殿、被成御赦免由被仰出候、天下之御外聞不可過之候、巨細者正興寺・桂太郎兵衛殿以下向可被申上候、

この日、家康に目通りした島津氏の家臣比志島国貞は、国許の樺山久高・鎌田政近に宛てて次の如く報じている。秀家は奥州の果てに移されて然るべきを「ほと近く」の「駿河之内くの」に移されることになった、それは島津氏の手柄と人々が取沙汰している。家康から島津氏赦免の言辞を引き出したことも大変な名誉であると（No.13）。

【史料5】（慶長八年）九月二日付島津義久宛山口直友書状（No.14）（一部抜粋）

猶ゝ駿河国くのと申所へは、伏見ゟ五日地御座候、駿府ゟくのへハ一里御座候、以上、

今度中納言殿（秀家）、先月廿七日ニ伏見へ被成御着、拙者所ニ御宿申候、御身上之儀別条無御座、今月二日ニ東へ御下にて候、御落着之地、駿河国くのと申所にて御座候、路次中之儀も、ゆる〳〵と御下候様ニ案内者申談候、御心安可被思召候、御身命之儀、別条無御座候而、貴老様（島津義久）御満足、乍恐奉察存候、御外聞御面目之至、於拙者式大慶不過之存候、猶正興寺御下向之砌可申上候条、早ゝニ令言上候、恐惶謹言、

山口直友も、島津義久に宛てて次のように報じている。八月二十七日に伏見に到着した秀家は、直友の屋敷に逗留し、身上に別条なく（＝家康から赦免の沙汰があって）九月二日に東へ下った。落ち着き先は「駿河国くの」で、路次もゆるゆると下ることができるよう手配したので安心されたい。秀家の身命が別条なく、義久も満足のうえ面目を施されたことと拝察し、当方も大慶である。「正興寺」こと南浦文之が下向して詳報するだろうが、取り急ぎ申し上げる。

なお、「駿河国くの」は伏見より五日、駿府より一里の地である（№14）。山口は後日、島津忠恒に対しても同様に、秀家の助命と「くの」への配流について報じている（№17・18）。

【史料6】（慶長八年）九月七日付図書入道・樺山久高・鎌田政近宛比志島国貞書状（№16）（一部抜粋）

従上州（本多正純）之御状可被成御披露候、然者休復老御住所、駿河之内可為久野之由候つれ共、彼所ハ萬不弁なる在所ニて候間、府中之御城二之丸ニ可有御座之由被　仰出、先以目出度御仕合無申計候、上州我等ニ被仰候ハ、此度中納言（秀家）殿御事、必以可有御成敗儀ニ候へ共、島津殿依御侘言被成御赦免候、被対御家従　公方様之御懇、大方之儀ニあらす候、能ゝ承置候へとの御事候、諸人取沙汰も其分ニ候、為御存知候、

秀家助命の沙汰から五日後、再び比志島国貞の報ずるところによれば、本多正純の書簡および直話の内容は以下の通りである。駿河国「久野」は万事不便なところなので秀家は「府中之御城二之丸」に落ち着くことになった、そして、当然成敗さるべきはずの秀家が島津氏の執り成しによって助命された、家康がいかに島津氏を懇ろに思っているかをよく承知しておくように（№16）。

さて、これら三点の史料から以下のことを指摘したい。

第一に、助命された秀家は、駿府から一里の「くの」への移送が決まり、九月二日に伏見を発ったことが明らかにできる。この駿府から一里隔たった万事不便な「くの」は、『鹿』の指摘通り、駿河国久能山と見るのが穏当であろう[15]。ただし、実際には久能山ではなく（『鹿』に言及のない）駿府城二ノ丸に秀家が移されたこともあわせて指摘しておこう。

また、「御落着之地」（№14）という表現に着目すると、少なくともこの時点（慶長八年九月）では、徳川方にそれ以上の措置を取る考えはなかったらしい。すなわち秀家の八丈島流刑は、（理由は定かではないが）後年の処遇変更と考えることができる。[16]

それから第二に、「島津殿御手柄」（№13）との取沙汰や、（秀家の）「御身命之儀、別条無御座候而、貴老様（島津義久）御満足」（№14）という文言から推せば、秀家の助命が基本的に島津氏の要求であった（少なくとも周囲の理解がそうであった）と見て大過ない。

たとえば、山口直友が一通の書簡で、わざわざ秀家の身上に別儀のないことを二度繰り返して述べていること（№14傍線部）からも、島津氏がいかに強く秀家の赦免を求めていたか（そして山口直友がその島津氏の希望をいかに気にかけていたか）が瞥見できる。翻っていえば、秀家の助命が容れられなければ島津氏が「御外聞御面目」を失う事態に至ったとも考え得る。

島津方にとって秀家の赦免は大きな成果であった。島津義久の満足は、「殊更今度休復事、被対当家御赦免之由被仰出候、誠外聞実儀不過之存候」といった、細川幽斎に宛てた書簡の文言からもよく窺うことができる（№21）。

ともあれ、本多正純が「必以可有御成敗儀ニ候へ共、島津殿依御侘言被成御赦免候」（№16）と述べる通り、秀家の助命は一にかかって島津氏の存在や希望が大きく作用した上での結果であった。

第四節　秀家助命の背景

島津氏の懇請によって秀家の助命は成った。ただ、それは島津氏の意を、徳川方の山口直友・本多正純が汲んで周旋に努めた上での、赦免であったことも忘れてはならない。慶長八年（一六〇三）末に至るまで、島津氏は山口・本多を介して将軍家に感謝の意を表し、加えて礼物を贈って両者の尽力に報いている（№19・23・25）。たとえば九月二十七日付の島津義久の礼状（№19）には「今度休復身上之儀、存知之外被成御赦免候、為拙者深重忝奉存候」云々とある。『鹿』が「山口は本多正純と議して、之を家康に達し、遂に死一等の赦免を見た」とまとめたように、徳川方の山口・本多両人が島津氏の嘆願を聞き入れ、これを叶えたのである（具体的史料を欠くが、№27から本多正信の関与も推定できる）。

ただし、若干の見落としがある。まず西笑承兌ら禅僧の存在である。秀家を送り出したのち、島津忠恒は相国寺の西笑承兌に宛てて書簡を呈し、山口・本多同様に、これに秀家助命の力添えを頼んだことを次の史料から確認しておきたい。

【史料7】（慶長八年）八月二十日付西笑承兌宛島津忠恒書状（№11）（一部抜粋）

態呈一翰候、備前前之中納言（宇喜多秀家）不意此国へ被走入候間、不及了簡抱置候而、公儀へ致披露、種ゝ御侘雖申候、於手前者事不済候間、抛一命為御侘被罷上候、一旦之罪者雖無遁候、哀以広大之御慈悲、遠島遠国之端へ成共、命計被助置候様ニ、御前之御償、偏所仰候、去春、此旨為可頼存用愚書候処、彼使不慮ニ令遠行候故、相違候をも不存候、彼方へ連ゝ何之仔細も無御座候間、為拙者雖非所気遣申候、一度被相頼候条、於御許容者、可為面目候、本多上州（正純）・山口勘兵衛尉（直友）へも申入候間、被仰談、御入魂此時候、恐惶謹言、

秀家は一命をなげうって謝罪に赴いている。遠島あるいは遠国への配流となっても「命計被助置候様ニ」周旋を願

いたい。「彼方へ連〻何之仔細も無御座候」＝秀家とは別段の間柄でもなく、薩摩入国も「不意」ではあったが、「一度被相頼候」＝ひとたび頼まれた以上、何とか秀家を助けたい、それが島津氏の「面目」を保つことでもある。意訳をすれば凡そ以上のような内容である（No.11）。

当事者たる秀家も無為ではなかった。西笑承兌とは旧知の間柄である。[17]伏見の山口直友屋敷に入った秀家は、承兌に早々の来訪を求め、そして閑室元佶と相談のうえ自身の赦免が成るよう助力を願っている。自ら（秀家）には「兎角罷上一命之御詫言申上度内存」がある。しかしその「心底之儀」は書中には尽くせないから直接、承兌に会って存念を伝えたい、というところであろう（No.12）。

かつて秀家は旧臣難波助右衛門に宛てて「我ら身上成立候ハヽ、其方事、一かとの身躰に可相計候」と自身の復権を仄めかしていた（No.1）。虚実定め難いが、秀家自らが出頭を望んだとの伝（「年久キ家を我等絶シ申事いやニ思食、無理ニ御上り候」）も既に紹介した通り。けだし秀家は自身の赦免や（実現の可能性はともかく）大名復帰を目指していた。

【史料8】（慶長八年）八月二十八日付西笑承兌宛休復書状（No.12）

猶々心底之儀書中にハ更に不得申候、以拝顔得尊意度存候、かしく、

其以来者不得貴意候、愚拙事兎角罷上一命之御詫言申上度内存之処、此節罷上可然やと之儀ニ付而、指急罷上候、夜前伏見へ致上着候、御前之儀是非とも奉頼候、是御取成可忝候、先山口勘兵へ（直友）殿ニ罷居候、乍御苦労早々被成御越候而学校（閑室元佶）被仰談御執成奉頼候、委細此者可得御意候、恐惶謹言、

八月廿八日　休復（花押）

（切封ウワ書）
「（墨引）　従伏見

兌長老様
　　侍者中　　　　　　　休復」

このあと西笑承兌が秀家助命にどう関わったのか、秀家の求め通り山口屋敷を訪ねたのか、管見の限りこれ以上の手掛かりはない。そこで島津氏に秀家赦免を報じた「圓光寺」某（No.15）の存在に注目したい。左に掲出した史料に照らせば、「圓光寺」は秀家赦免の場面に直接関知した形跡が濃く（No.15）、島津氏の手柄と述べてはいるが、秀家赦免に何らかの力添えを行ったようで礼物（砂糖二百斤）を受領している（No.24）。

【史料9】（慶長八年）九月五日付島津義久・島津忠恒宛圓光寺某書状（No.15）（一部抜粋）

就休復之儀候而、重尊札御使僧之趣、相達　上聞候、然者休復御事者、去二日以御意駿州へ下向候、委曲正興可有御演説候間不能詳、

【史料10】（慶長八年）十二月六日付島津忠恒宛圓光寺某書状（No.24）（一部抜粋）

休復御身上之儀被成御赦免、駿州江被差越候、先以目出存候、乍然貴国御拘之御手柄候、於拙也満足不過之候、随而砂糖弐百斤遠路被贈下候、御懇意之段難申謝候、

この「圓光寺」某こそ、先の秀家書状（No.12）に「学校」と記される人物、すなわち当時伏見の圓光寺にあった閑室元佶と見て差し支えない。秀家赦免に元佶の関与ありとすれば、承兌もこれに助力したと見るのが自然であろう。島津氏の意をうけた「正興」（No.15）こと南浦文之の運動も想像するに難くない。

そのほか徳川方の事情も考慮すべきだろう。島津氏に本領安堵の寛典を加えながら、所領没収の秀家をなお死罪に処す不均衡を、あるいは徳川方が避けたのかもしれない。島津・宇喜多両氏はいずれも関ヶ原において徳川方と干戈を交えている。また、島津氏の服従をもって関ヶ原の戦後処理が片付き、家康も征夷大将軍に就いた上は、秀家の首を打つことに徳川方がさしたる価値を認めなかったとも考えられる。推断に過ぎぬが書き付けて後考を俟ちたい。

ちなみに、秀家助命について宇喜多安津（忠家。秀家叔父）や坂崎出羽守（浮田左京亮。忠家の子・秀家従兄弟）、戸川達安（秀家旧臣。備中庭瀬藩主）といった秀家の一族縁者の関与は、全く伝来しておらず不明である。義兄前田利長の関与もこれを証拠立てる確かな史料が存在せず、目下のところ彼らと秀家助命を結び付けて考えることはできない。

前田氏については冒頭に触れた通り、助命に関連したとの理解もある。これも先述の通り、前田利長のもとに秀家が潜伏しているとの風聞もあったから（№５）、別段の不自然さはない。しかし、こうした理解は、管見に触れた同時代史料に全く言及がなく、積極的に肯うことは難しい。唯一前田氏の関与に触れるのは次の『関屋政春古兵談』[18]である。

【史料11】『関屋政春古兵談』

石田（三成）乱のときも、無二の石田方也。然間切腹をもし給はで不叶御人なれども、利家公達御詫言にて、八丈島江流人也。

けだし鵜呑みにはできまい。記述が簡素に過ぎるのはともかく、秀家赦免を願ったのが慶長四年没の（前田）「利家公」であったり、この件に深く関係した島津氏には言及がなく、秀家助命が前田氏のみの手柄らしく記されている等々の不審点に照らせば、当該箇所は加賀藩士関屋政春が主家顕彰のために附会した記述のように思われてならない。好意的に見ても、前田氏と秀家助命との関係は、以下の『徳川実紀』の記述の如く、あくまでも徳川方が前田氏に配慮したという程度に止まるのではないか。少なくとも前田氏から秀家助命を働きかけた、という解釈は残存史料の検討からは導き出せない。

【史料12】『徳川実紀』「東照宮御実紀」巻六(19)

忠恒があながちに愁訴するのみならず。其妻の兄なる加賀中納言利長無二の御味方なりし故をもて。其罪を減じ遠流に定められ。先駿河国に下して久能山に幽閉せしめらる。

以上、秀家赦免の背景として次の四点を指摘した。一つには島津氏と山口直友・本多正純らの尽力、二つには西笑承兌・閑室元佶・南浦文之の存在と運動とがあったこと、三つには秀家自身も西笑承兌に執り成しを依頼するなど、自らの赦免のために動いていたこと、四つには徳川方の平衡感覚である。前田氏や宇喜多氏旧臣が秀家赦免に動いた証跡は見出し得なかった。

おわりに

慶長十一年(一六〇六)四月、宇喜多秀家は二人の息子(孫九郎秀高・小平次秀継)に「家来又者共」男女十人とともに八丈島へ流罪となったという。この主従を八丈島に送り届けた渡邊織部は、秀家からその自筆の和漢朗詠集を船中で贈られたらしい（『八丈島記事』『譜牒余録後編』など）。ただし、以上の流罪を直接伝える確実な史料（同時代史料）は伝来していない。

八丈島の秀家主従を支えたのは、所縁の人々からの援助であった[20]。宇喜多騒動によって秀家と袂を分かった旧臣花房秀成、関ヶ原合戦後、徳川方に秀家の死を届け出てその潜伏を援けた旧臣進藤三左衛門、秀家正室（豪姫）の実母芳春院（前田利家正室）等々。加賀藩前田家が定期的な仕送り（見継物）を何時始めたのかは分明でないが、秀家存命のうちにその端緒は求められるらしい[21]。

そうした援助への一礼状（「寅年」六月廿三日付、花房秀成宛書状[22]）に興味深い文言がある。「爰元弥難堪為体、可御推量候、出国之御詫言御肝煎共之由、大慶此事候」、八丈島で困窮した秀家親子が「出国之御詫言」＝赦免と本土への帰国を願い、花房秀成はその周旋に尽力していたらしい。結果的に秀家が赦されることはなかった。しかし、かかる片言隻句によってすら流人秀家の執念は想起するに余りある。そも「成元」・「休復」といった道号からも瞥見できる[23]ように、関ヶ原合戦後の「余生」を通じて、秀家の願いはその復権にあったのではないか。

＊　＊　＊

小稿では秀家処分をめぐる従来の理解を確認したうえで、関係史料を読み直し、史実の復元を試みた。問題の顛末を精査するに史料不足の憾みは拭えないが、冒頭に述べた通り『鹿』における理解の凱切さを確かめ得、あわせて以下の点を新たに指摘することができた。箇条書きに挙げておく。

・秀家は薩摩入国後に出家し、はじめ「成元」、次いで「休復」と号した。

・秀家処分をめぐる秀家当人の意志や動向には、従来さほどの注意も払われて来なかったが、残存史料に基づけば、秀家は（八丈島流罪後も含め）一貫して自身の赦免・復帰を望んでおり、上洛に際しても旧知の西笑承兌を頼るなど積極的に運動したと評価できる。
・秀家処分に関して加賀藩前田氏の関与は確かな史料からは見出せない。基本的に島津忠恒と、徳川方の山口直友・本多正純の運動による（本多正信の執り成しも推定できる）。加えて、西笑承兌・閑室元佶・南浦文之の尽力もまた看過し難く、徳川方の事情（前田氏への配慮など）も逸すべきではない。
・慶長八年の秀家処分は、駿河国久能山への配流で落着した可能性が高い。八丈島配流の沙汰はこの時点では存在せず、八丈島配流の経緯についても不明。
・駿河国に下った秀家は、駿府城二の丸に身柄を移された。
・秀家助命になぜ島津氏がこだわったのかは不明。当時の政情に照らして考えるべき。

これまで未知であるか誤解されて伝わってきた宇喜多氏をめぐる諸事象、および関係人物の動向について、現存の史料を用いて出来得る限りの復元を行うこと、すなわち宇喜多史研究の基礎を固めることに筆者は専心、いささか努力を重ねてきた。小稿もそうした営みの一つであり、政治的に没落した一大名の動向といった過度に微視的な議論であっても、以上の知見が今後何らかの恰好で活かされることを願ってやまない。

註

（1）『鹿児島県史』二（一九四〇年）。本文引用にあたっては本字を常用漢字に改めた。

（2）秀家の助命に加賀藩前田家の関与を挙げる先行研究はおよそ以下の通り（傍線部筆者）。

原田伴彦「宇喜多秀家」（日本歴史大辞典編集委員会『日本歴史大辞典』一、河出書房、一九六八年）は「一六〇三（慶長八）年島津・前田両氏の助命懇願によって、死を宥され、駿河久能に幽囚され、ついで一一《ママ》（慶長一六年）年八丈島に配流された」（五三〇頁）、同じく原田伴彦「宇喜多秀家」（『国史大辞典』二、吉川弘文館、一九八〇年）は「西軍の敗北とともに、伊吹の山中にかくれ、やがて島津義弘を頼って薩摩に落ちのび、三年の間、島津氏の庇護のもとに蟄伏（ちっぷく）した。同八年、島津忠恒・前田利長の助命嘆願によって死罪を免れ、駿河国久能（静岡市）に幽囚され、同十一年四月八丈島に流罪となった。このとき秀家は薙髪して休福と号し、嫡子孫九郎ら十三名と渡島した」（五〇頁）とする。

柴田一「宇喜多秀家」（『岡山県大百科事典』上、山陽新聞社、一九八〇年）は「１６０３年島津、前田の助命嘆願により死を許され駿河国久能に幽閉され、１６０６年八丈島に配流、同地で死去」（一二一六頁）とし、立石定夫『戦国宇喜多一族』（新人物往来社、一九八八年）は「家康は、島津家の体面を重んじて秀家の死を宥し、駿河国久能に幽閉することとした。彼とすれば、関ヶ原における西軍の総大将格であっただけに、これを殺したかったであろうが、島津家や加賀家等の嘆願に対して、徳川政権の基礎が確定的にまだ固まらない状態にあっては、これを渋々ながら容れざるをえなかった」（三五三〜三五四頁）と述べる。

また、桐野作人「宇喜多秀家の薩摩落ち」（『南日本新聞』二〇〇八年九月二十日掲載分）でも「島津家もいつまでも秀家を匿いきれなくなっていた。かといって、みすみす差し出すわけにもいかない。そこで秀家夫人豪姫の実家である加賀前田家にも知らせて、共同して助命嘆願をすることにした」とする。

（3）秀家の出家を薩摩時代とする先行研究は以下の通り（傍線部筆者）。

『岡山県史』六・近世Ⅰ（第一章第一節、一九八四年、朝尾直弘執筆部分）は「薩摩にかくまわれること三年、島津忠恒のとりなしにより死罪を免れた秀家は、一六〇三年（慶長八）伏見から駿河久能へ送られ、さらに伊豆下田の近くにしばらく居て、一六〇六年（慶長一一）四月八丈島へ流された。薩摩時代から休福と号していたが、島で嫡子秀高・秀継（小平次）とともに五〇年過し、一六五五年（明暦元）十一月病死するまで八十四歳の長寿をたもった」とし、加原耕作「宇喜多秀家」（『岡山県歴史人物事典』山陽新聞社、一九九四年）は「島津氏の庇護を得て久福（休福）と名乗り薩摩に蟄居すること3年、03年（慶長8）に幕府へ出頭、駿河久能山（現静岡市）に幽閉ののち、06年（慶長11）に子息秀高（孫九郎）、秀継（小平治）とともに八丈島に流罪となった」とする。

筆者は拙著『「大老」宇喜多秀家とその家臣団』（岩田書院、二〇一二年）「余録」のなかで関説した。

（4）前掲註（2）原田「宇喜多秀家」（『国史大辞典』）。人見彰彦「宇喜多秀家」（『日本歴史大事典』一、小学館、二〇〇〇年）には、「一六〇六年八丈島に配流。このとき薙髪《ちはつ》して休福《きゅうふく》と号し、嫡子・家臣ら一一人と渡島」とある。

（5）前掲註（2）立石著書・桐野「宇喜多秀家の薩摩落ち」。

（6）この点については前掲註（3）拙著もあわせて参照のこと。

（7）五代秀尭・橋口兼柄共編。天保十四年（一八四三）成立。

（8）『義演准后日記』二（続群書類従完成会、一九八四年）慶長五年十二月二十日条に「備前中納言息今日江戸へ下向云々」とある。

（9）拙著『明石掃部の研究』（同刊行会、二〇一二年。本書Ⅱ所収）を参照。

（10）「難波経之旧記」（「備前難波文書」『久世町史』資料編一・編年資料、二〇〇四年所収）。

（11）『改定史籍集覧』十五（臨川書店、一九八四年）所収。

（12）『史籍雑纂』二（続群書類従完成会、一九七四年）所収。
（13）この点の叙述は森脇崇文氏のご教示を参考にした。
（14）小瀬中務については拙稿「小瀬中務と小瀬甫庵」（『岡山地方史研究』一三〇、二〇一三年。本書Ⅰ所収）を参照。
（15）なお、渡邊大門『宇喜多直家・秀家』（ミネルヴァ書房、二〇一一年）は「駿河国久能とは、現在の静岡県袋井市久能のこと」とし（二八〇頁）、同『牢人たちの戦国時代』（平凡社、二〇一四年）もまた秀家の移送先を「駿河国久能（静岡県袋井市）」とする（一五七頁）が、論拠が不明である上に、久能を「駿河国」と明言しながら旧遠江国に属する袋井市域に比定するなどその記述には信をおきがたい。
（16）秀家の八丈島配流の経緯については、目下のところ確かな史料的痕跡を見出しがたい。ただし『慶長年中卜斎記』は、秀家の「駿河国久能」移送に続けて「翌年に中納言殿《（秀家）》を伊豆国下田近き所へ被遣候、便次第八丈島へ可被遣為なり、中納言殿御息二人男子乳母一人下田近き所に一年計留在、此時津浪に御逢名物共御失ひ、関ヶ原よりハ一身にて薩摩へ御越候か薩摩に御座候時何として御取寄候か色々名物とも候ひつる」云々とあって、わずかながらこの問題に手がかりを提供する。なお、右の「津浪」は慶長九年（一六〇四）十二月十六日の地震（慶長地震）にともなうものと考えられる。また、流罪先に何故八丈島が選ばれたのかも判然としない。大隈三好『伊豆七島流人史』（雄山閣、一九七四年）は、豊臣方への警戒から「幕府の目のとどく、幕府領内の、最も不便なところ」に秀家を流す必要があったと推定する。
（17）西笑承兌は、秀家から備前児島酒（「児嶋大樽二ケ」）を贈られたり（『鹿苑日録』二十七、慶長二年三月二十二日条。『鹿苑日録』二、続群書類従完成会、一九九一年）、「鷹之金屏」の賛を求められたこと（『西笑和尚文案』五。『相国寺蔵西笑和尚文案 自慶長二年 至慶長十二年』思文閣出版、二〇〇七年、二八五号文書）等々を書き残している。
（18）『加賀藩史料』一（侯爵前田家編輯部、一九二九年）八八〇頁～八八一頁。

(19)『徳川実紀』「東照宮御実紀」巻六（『新訂増補国史大系』三八、吉川弘文館、一九九八年）。秀家処分をめぐる前田氏の関与説は、あるいは『徳川実紀』の記事が、『関屋政春古兵談』の傍証として附会的に解釈された上に唱えられたという可能性も一考すべきである。

(20)以下、『大日本史料』第十二編之四（四四～四六頁）所収の「花房文書」・「進藤文書」、および富山県射水市新湊博物館所蔵文書（本書I「宇喜多氏研究の困難とその可能性」を参照）に基づく。なお、花房氏からの援助が元禄年間（一六八八～一七〇四）まで断続的に続けられた可能性を、人見彰彦「宇喜多直家・秀家の人物像」（『岡山の自然と文化』一七、岡山県郷土文化財団、一九九八年）が指摘している。

(21)『加賀藩史料』四（侯爵前田家編輯部、一九三一年）六四二～六四三頁、天和元年（一六八一）五月二十六日条所引の『葛巻昌興日記』は、八丈島への見継物について「御先代《（前田光高）》より御音物有之也」と書き留める（当代は前田綱紀）。藤島秀隆「豪姫伝承の謎―加賀藩の記録とその伝承―」（『市史かなざわ』一〇、二〇〇四年）は、前田光高の早世後、綱紀を後見した前田利常を含めて、「利常・光高在世の時から八丈島の宇喜多氏への贈物が開始された」とし、その時期を元和九年（一六二三）六月以降と推定している。

(22)「寅年」六月廿三日付花房志摩守（秀成）宛宇喜多秀家（久福）・宇喜多孫九郎・浮田小平次書状（前掲註（20）「花房文書」）。宛所の志摩守を筆者の比定通り花房秀成（元和九年（一六二三）没）とすれば、差出の「寅年」は慶長十九年（一六一四）にあたる。

(23)馬部隆弘氏の示唆による。

（平成二十五年八月三十一日稿、同二十六年八月加筆）

小瀬中務と小瀬甫庵

小瀬中務（生没年未詳）は宇喜多秀家の家臣、小瀬甫庵（一五六四～一六四〇）は『太閤記』の作者として著名な儒学者・医者である。小稿では、全くの別人たるこの二人を同一人物と見なす誤認について考えたい。

同一人物説は、管見の限り『備前軍記』（岡山藩士土肥経平の著。安永三年〔一七七四〕成立）の次の記述から派生したらしい。

【史料】『備前軍記』(1)附録（一部抜粋）

▲小瀬中務　も、禄千石にて心ばせもありしといふ。宇喜多家亡びて浪人し、剃髪して甫庵といふ。信長記太閤記を記せし者也。惺窩先生（藤原）の門人なりしといふ。惺窩も秀家卿秀秋卿（小早川）の時、岡山へしばし下り居られしとぞ。

これをうけて、『岡山市史』や加原耕作・松平年一の各氏ら(2)が問題の二人の経歴を接合している。『岡山市史』・加原氏は、宇喜多秀家（一五七二～一六五五）に仕えた小瀬中務が、関ヶ原合戦後に甫庵を称して『太閤記』等々を著したとし、後述する小瀬甫庵の前半生を事実上否定した。一方、松平氏は『備前軍記』を参照して、小瀬甫庵の経歴に宇喜多秀家への奉公を付加する。「医師として豊臣秀次に仕え、秀次の死後剃髪して甫庵と号し、宇喜多秀家に仕えた」「宇喜多氏没落ののち堀尾吉晴に仕え」たと。なお、小瀬甫庵顕彰会『鏡野の人物　太閤記・信長記著者　小瀬甫庵』[3]は、書名から窺われるように、小瀬中務・甫庵を同一人とする前提に立っている（鏡野町は小瀬中務の出身地と思しい）。

だが、近年『鏡野町史』[4]通史編（第四章第二節、森俊弘執筆）が指摘する通り、明らかに二人は別人であって、【史料】も遺憾ながら附会の説と言わざるを得ない。『鏡野町史』は、甫庵が慶長元年（一五九六）、京都西洞院通の勘解由小路に住まい、「甫庵道喜」名義で木活字本を出版していることから「両者を同一人物とみるのは難しいだろう」と述べている。確かに「甫庵道喜」と、同時期の宇喜多氏家中を伝える『慶長初　宇喜多秀家士帳』[5]の「小瀬中務正」（知行一〇〇〇石）とを同一人と見るのは以下に詳述するように至極不自然である。

そも小瀬甫庵の生国は尾張、実名は道喜、通称は又四郎・長大夫である。池田恒興、豊臣秀次、関ヶ原合戦後は堀尾可晴（吉晴）に仕え、最後は寛永元年（一六二四）、加賀の前田利常に召し抱えられた。[6]金沢に残る小瀬氏の系譜や由緒書[7]を繰っても、右の出自や歴仕を伝えるばかりで「中務」という呼称や宇喜多氏との関係には全く言及がない。『備前軍記』を敷衍した『岡山市史』や加原氏の説はこの時点で成り立つ可能性がほとんど消滅しよう。では松平説はどうだろうか。前述の松平説は、文禄四年（一五九五）七月の秀次自刃後、松江藩主堀尾氏に出仕するまでの期間、秀家に仕えたと指摘する。『備前軍記』の参照を明記する松平説は、同書と加賀藩士小瀬氏の系譜・由緒書とを折衷したものと見て大過ない。

そこで、小瀬氏の由緒書『先祖由緒幷一類附帳』の伝を確認する。「小瀬長大夫」として秀次に仕えていた甫庵は「秀次公御生害後、公義（儀）ヲ憚リ暫医者分罷成、土岐甫庵与性（姓）名ヲ致シ」とあって、再び「小瀬」を名乗ったのは堀尾氏に仕えた後、であるという（小瀬氏は美濃国の土岐氏の支流らしい）。この伝を採れば、秀次の死後、甫庵が「小瀬中務正」として宇喜多秀家に仕えたという仮定は支持し難く、松平説も成り立ち得まい。

論拠を加えよう。関ヶ原合戦後、宇喜多秀家が島津忠恒のもと大隅国牛根に匿われていた慶長八年七月二十六日、秀家の上洛（徳川方への出頭）について、島津義久（忠恒伯父）が島津義弘（忠恒父）に宛てた書状が残されている。その冒頭「彼一儀、小瀬中書へ被仰聞候哉、然者可被成上洛口柄候之欤、可然存候」云々とある。島津氏が「彼一儀」（＝秀家の出頭）について「小瀬中書」（中書は中務の唐名）なる人物を介して進めていたことが読み取れるが、この人物こそ（いかなる経緯で大隅国に下ったかは不明ながら）『慶長初　宇喜多秀家士帳』の「小瀬中務正」であろう。編纂史料であるが『義弘公御譜』においても（牛根に潜伏する秀家の）「家老小瀬中務」を通じて秀家に上洛すべき旨が伝わったことが確認できる。[8][9]

筆者の仮説が正しければ、慶長八年七月の時点において、小瀬甫庵は松江藩主堀尾氏に仕えており、小瀬中務は大隅国に在って秀家に仕えていた（可能性が高い）のだから、二人が同一人物でないことは歴々明らかなのである。

では、なぜ【史料】はこの二人を同一人物のように見誤ったのか。この点は『鏡野町史』でも言及がないので以下私見を述べてみたい。

小瀬甫庵が晩年奉公した加賀藩には中村刑部・一色主膳といった宇喜多氏の旧臣が少なくなかったが、その一つに堀部氏がある。『諸氏系譜』によると本国は備前、秀家に仕えた堀部休庵なる人物が前田利長に召し抱えられ、その子養叔は七五〇石を知行したという。そして養叔の次男又四郎が加賀藩士小瀬氏に養子として入り同家を継いだらしい。系譜上、小瀬又四郎は『太閤記』の小瀬甫庵の孫になる。[10][11]

すなわち、尾張を本国とする小瀬甫庵の家系は、甫庵の孫の代に、祖先が備前出身で秀家に仕えたとの由緒をもつ人物に引き継がれたのである。筆者はこの点にこそ【史料】『備前軍記』の源流があると考えている。[12]

引き続き筆者の推測である。『備前軍記』の著者土肥経平は、小瀬甫庵の子孫が加賀藩に仕え、しかも秀家旧臣の家系でもあるとの（精確さには欠ける）情報を得た。甫庵は秀家の同時代人であるから、甫庵＝秀家旧臣であると経平は認識し、たまたま同苗たる美作の土豪「小瀬中務」の後身を甫庵と見立て【史料】のような創作を行ったのではなかろうか。ちなみに、堀部養叔の甥陽之助は、加賀藩家老今枝直方（一六五三〜一七二八）に仕えたという。直方は岡山藩家老日置忠治の実子で、実家から様々な書物（備作地域史に関わる『浦上宇喜多両家記』・『慶長初　宇喜多秀家士帳』などを含む）を取り寄せて筆写し、また多くの著作を残している。加賀藩士小瀬氏の由緒は、恐らくこの堀部―今枝―日置という線をたどって備前岡山に伝わったのであろう。

以上、小瀬中務・小瀬甫庵とは全くの別人物である点を再確認し、同一人説の称えられた背景について考察した。

註

（1）沼田頼輔旧蔵。『吉備群書集成』三（吉備群書集成刊行会、一九二一年）所収。

（2）『岡山市史』二（一九三六年、永山卯三郎執筆、一八六〇〜一八七四頁）は、【史料】『備前軍記』の記事を「その原拠と真偽不明なれとも亦興味深き」ものとして紹介し、「甫庵名は秀正、中務と称す西北条郡寺和田村（今、苫田郡香々美南村大字寺和田）〔引用者註—現岡山県苫田郡鏡野町寺和田〕日上城主小瀬勘兵衛政秀の長子なり」という山田貞芳「小瀬甫庵傳」を引用する。加原耕作「小瀬秀正」（『岡山県歴史人物事典』山陽新聞社、一九九四年）、同「宇喜多氏」（山本大・小和田哲男編『戦国大名家臣団事典』西国編、新人物往来社、一九八一年）は、右の『岡山市史』・「小瀬甫庵傳」に拠ったものと思しい。松平年一「小瀬甫庵」（高柳光壽・松平『戦国人名辞典』増訂版、吉川弘文館、一九七三年）については本文を参照。

（3）日上山城史跡保存整備委員会、一九九六年。

（4）鏡野町史編集委員会、二〇〇九年。倉地克直氏のご教示に拠った。
（5）金沢市立玉川図書館近世史料館加越能文庫（以下、加越能文庫と略）所蔵。
（6）小瀬甫庵の経歴については桑田忠親『豊太閤伝記物語の研究』（中文館書店、一九四〇年）、柳沢昌紀「信長公記と信長記、太閤記」（堀新編『信長公記を読む』吉川弘文館、二〇〇九年）、および（7）文献などを参照した。
（7）『諸氏系譜』（加越能文庫・石川県立図書館所蔵。影印本は『石川県史資料』近世編8～12〈二〇〇八～二〇一二年〉として刊行）五・『先祖由緒幷一類附帳』（小瀬来吉。加越能文庫所蔵）。
（8）『鹿児島県史料　旧記雑録後編三』（鹿児島県維新史料編さん所、一九八三年）一八四五号文書。
（9）註（8）一八四四号文書。
（10）拙稿「宇喜多氏研究の困難とその可能性」・同「宇喜多氏の石高をめぐって」（『明石掃部の研究』同刊行会、二〇一二年。本書Ⅰ所収）などを参照。
（11）以下、堀部氏関係の記述は前掲註（7）『諸氏系譜』三に拠る。なお、前掲註（5）『慶長初　宇喜多秀家士帳』に堀部氏の存在は確認できない。
（12）なお、『温故集録』五（金沢市図書館叢書八、金沢市立玉川図書館近世史料館、二〇一一年）所載「浮田家旧領高御尋」には、前田綱紀が小瀬又四郎を介して「浮田殿御家来」堀部養叔に宇喜多氏の石高を尋ねたとの伝承が書きとめられている。同書は、前田綱紀の調査・収集した史料を森田平次（柿園、一八二三～一九〇八）が整理したもの。

（平成二十五年四月九日稿）

宇喜多氏研究の困難とその可能性

宇喜多氏（あるいは岡山県地域の戦国・豊臣時代史）研究には、ほとんど慣例的に「史料不足」という制約を挙げて、その困難さを強調する傾きがある。宇喜多氏没落後の後日談的史実の穿鑿からこの件を少し考えてみたい。

「我ら身上成立候ハヽ、其方事、一かとの身躰に可相計候」。慶長五年（一六〇〇）九月、関ヶ原合戦に敗れた宇喜多秀家（一五七二〜一六五五）は、潜伏先の薩摩国から旧臣難波秀経（助右衛門）に宛てて斯く記している。(1)関ヶ原から敗走し、美濃の山中に隠れた秀家の消息は、京の円融院（秀家実母）のもとに伝えられ、三人の侍がこれを迎えに出向き、潜行を助けたらしい。その一人が秀経であったという。この伝は秀経の子息と思しき難波経之（休甫斎）の覚書（「難波経之旧記」。元禄三年（一六九〇）成立）(2)に詳述されるところで、さきの秀家書状に「不顧一命」と評された秀経の働きを現代に伝えている。

秀家の潜行を助けた三人のうち、一人は本多左兵衛といった。左兵衛は徳川家康の腹心本多正信の次男で、秀家没落後、諸家を転々とし、最後は加賀藩の重職（朝散大夫。「加賀八家」の一つ）におさまった。本多政重（安房守）である。(3)政重の仕官経緯はやや特殊であるが、結果だけを見れば、キリシタン浮田休閑をはじめ、宇喜多氏の旧臣がいくたりも同じような経路をたどっていた。中村次郎兵衛・一色雅楽助もまた、そうであった。金沢へ移った二人は中村刑部(4)・一色主膳(5)と改め、いずれも二〇〇〇石を宛行われている。けだし、宇喜多・前田両家が秀家内室(6)（豪姫、南御方。

前田利家四女)を通じた親族であった点、秀家内室が関ヶ原合戦後、加賀金沢へ移住した点などがこうした動きの背景にあったのではなかろうか。

とはいえ、大多数の宇喜多氏旧臣が、秀家の旧領たる備作地方にとどまったことは想像に難くなく、加賀藩に再仕官した彼らは少数派であり例外と見るのが自然である。そのため加賀地方に移住した旧臣たちは、備作地方の人々からほとんど忘れ去られるか、極端に都合よく語られる他なかった。後世「生質多慾奸曲」(『和気絹』)、「秀家江常々悪事ヲ進メ」る「妄悪之者」(『納所實家文書』)等々の悪罵をもって語られ、宇喜多騒動の元凶に仕立て上げられた中村刑部はその後者の例にあてはまる。かかる刑部への非難は、加賀藩周辺には見出せないし、過去に検討した通り、この人物にとって不当な中傷と見るべきである。[7] 加賀藩に仕えた儒学者木下順庵(一六二一〜九八)の門人新井白石(一六五七〜一七二五)は次のような評を残している。

【史料1】『白石先生紳書』巻三[8](一部抜粋)

一、先生曰、浮田の家より中村式部(ママ)加州へ帰りて三四(ママ)千石も給ひし見事也し人のよしに申伝ふ也、其子孫猶今もかの家(加賀藩前田家)に在なり、

「見事也し人」の含意は定かでないが、備作地方における悪評との落差は、この人物の(秀家の旧臣としては)例外的な身の振り方に起因するといって大過ない。

ただし、明治維新に至る二百有余年、八丈島の宇喜多一族を援助し続けたのは加賀藩前田家であり、中村ら金沢の宇喜多氏旧臣は間接的ながら旧主との関係を維持し続けた点で、重視すべき例外といえるだろう。

加賀藩から八丈島への支援開始は、藤島秀隆氏の検討によれば[9]、前田利常（秀家義弟）・光高在世の期間、すなわち元和九年（一六二三）六月以降と推断できるという。ところが以下の新史料【史料2】[10]が出現した。前田利家後室で秀家内室の実母芳春院は、秀家流罪後ほどなくの慶長十三年、江戸からかなりの物資を送ったらしい。

【史料2】（慶長十三年）千世（芳春院七女）宛芳春院消息（一部抜粋）

八てうしま《八丈島》へ、うちまき《打撒》、そのほかかたひら《帷子》・れうし《料紙》なとのやうなる物まてとゝのへ《調》、こめ《米》も何か百ひやう《俵》ほと御入候、これにて、ことし《今年》・めうねん《明年》のよく候ハんと思ひまいらせ候へハ、大くわん《代官》こなたのふなつき《舟着》にてはて《果》申候、やり《遣》申候ものも何となり候や、しらす《知》候、京へハかくし《隠》申候、なか〱の事にて候、

この消息がしたためられた時点では、代官の死によって物資がどのようになったのか芳春院も把握できていないが、米数百俵以下の物資は、このあと八丈島へ送られたと見ておきたい。加賀藩正規の支援か、幕府の許可があったか否かはともかく、秀家の八丈島流罪当初から、加賀藩関係者（芳春院）による仕送りがあったことは注目されていい。

さて、関ヶ原合戦後、備前に残った難波秀経は、後年になって子息（経之）をともない金沢に秀家内室を訪ねたという。先述「難波経之旧記」によると「我等《難波経之》廿計之時」に中村刑部・一色主膳の案内で、「備前様」＝秀家内室に対面し、持参した「利休切之竹の花生」「てほう兼常の包丁」を進上した。この「御主の御道具」＝秀家の重宝を、永年秀経が預かっていたらしい。秀家内室は秀経親子を御座所に通して盃を与えて褒美を下し、花器と脇差とを手にして「御落涙」したという。秀経親子は彼女から「滞留」を勧められたが遠慮して帰途につく。

なお、秀家内室との対面後であろうか、秀経親子は「うゐ様」＝前田利常にも召し出されている。秀経から利常へ

の礼状（案文）[11]が残されていて、これによると「御ふく（服）」「銀子三枚」、それから御酒を賜ったという。「身ニあまりかたしけなさ涙をなかし申候」とはこの礼状の言である。

叙上の交流は、秀経宛の本多政重書状[12]からも裏付けられる。「難波経之旧記」はこの書状を、経之の帰途「越前福井迄飛脚」をもって届けられたとする。それから訪問の年代は、「遠路為御見舞人御越候事」から書き起こす卯月五（十脱カ）日付の秀経宛中村刑部書状[13]から推断できよう。

この書状によると、秀経の来訪に秀家内室「備前様」が喜んだこと、秀経は備前名産「藤戸のり」を献上し、中村刑部にも「てか（りカ）ふ茶きん」（照り布茶巾）などを土産として渡したらしい。加えて見落とせないのは、「昨十四日」に「町侍家・我等家はじめ城中不残」焼いた大火があったが、秀家内室は「無事」との記述である。右から推すと火事の発生は（四月）十四日で、この日付と合致し、かつ秀家内室（寛永十一年〔一六三四〕五月二十三日没）・中村刑部（寛永十三年没）存命中の金沢での事例としては、寛永八年四月十四日の大火[14]が該当する。この大火は「法船寺焼き」と呼ばれ、金沢城の大半と城下六〇〇〇戸を焼いたという。かつて永山卯三郎氏は「寛永四五年頃」[15]と推定したが、私見が正しければ、秀経親子の金沢訪問は、寛永八年四月以前の出来事と見なしていい。

以上、関ヶ原合戦後の秀家や、宇喜多氏旧臣の動向・交流の一端をとりとめもなく書きつけてみた。芳春院による秀家の支援や、秀家内室と難波秀経との再会年代を推定した点など多少の新知見を加えたが、冒頭に述べたごとく小稿の眼目は他にある。簡単に結論しよう。右の後日談的史実の確認からも明らかな通り、宇喜多氏研究の困難は、史料不足という制約もさることながら、むしろ断片的な残存史料が偏在することにある。岡山県地域に伝わる古記録・古伝承を把握した上に、なお視界を拡げる必要がある。京・大坂といった上方は無論、小稿の実例に即せば石川県周辺にも手掛かりは少なくない。かつて人見彰彦氏[16]が金沢に伝わる宇喜多氏関連史料を翻刻・紹介したように、埋没して久しい史料を再発見し、既知の知見と組み合わせることで、なお新事実が明らかにできる可能性とその必要性とを、自明のことながら確認しておきたい。

註

（1）（慶長六年）五月朔日付宇喜多秀家書状（「備前難波文書」二五。『岡山県史』家わけ史料、一九八五年所収）。

（2）「備前難波文書」『久世町史』資料編一・編年資料（二〇〇四年）所収。

（3）拙稿「本多政重の仕官」（『宇喜多家史談会会報』三〇、二〇〇九年。加筆して拙著『「大老」宇喜多秀家とその家臣団』岩田書院、二〇一二年所収）などを参照。

（4）拙稿「長船紀伊守と中村次郎兵衛」（拙著『豊臣期の宇喜多氏と宇喜多秀家』岩田書院、二〇一〇年所収。中村次郎兵衛＝刑部関連箇所の初出は『宇喜多家史談会会報』一九、二〇〇六年）参照。

（5）一色雅楽助を主膳と同一人とする知見は、森脇崇文氏のご教示による。

（6）拙稿「豪姫のこと」（『岡山地方史研究』一二二、二〇一〇年。「豪姫のことども」と改題・加筆のうえ前掲註（3）拙著所収）参照。

（7）前掲註（4）拙稿。

（8）『新井白石全集』五（吉川半七、一九〇六年）所収。引用箇所には句読点を補っている。

（9）藤島秀隆「豪姫伝承の謎―加賀藩の記録とその伝承―」（『市史かなざわ』一〇、二〇〇四年）参照。

（10）富山県射水市新湊博物館所蔵文書（木倉豊信氏旧蔵、前田土佐守家資料館『芳春院まつの書状　図録』二〇一二年所収）。また、同館所蔵文書のうち（慶長十八年三月）二十日付芳春院消息には、中村刑部への言及があり、刑部が芳春院と前田利常らとの情報交換に介在していた徴証として興味深い（同上所収）。これら芳春院の消息については瀬戸薫「直筆消息にみる芳春院の実像」（『地域社会の史料と人物』北國新聞社、二〇〇九年）も参照のこと。なお、筆者はこれらの知見を本年（平成二十四年）五月、金沢市の前田土佐守資料館を訪れることによって得た。

（11）『岡山市史』二（岡山市役所、一九三六年。永山卯三郎編）所収（一六一八〜一六一九頁）。

（12）七月廿二日付本多政重書状（「備前難波文書」三一。前掲註（1）『岡山県史』所収）。

（13）「伊田村小十郎所蔵文書」四八（藤井駿・水野恭一郎・長光徳和校訂『黄薇古簡集』岡山県地方史研究連絡協議会、一九七一年所収）。同書状については、過去に塚本吉彦「家中騒乱後の宇喜多秀家」（『吉備史談会講演録』吉備史談会、一九〇四年）において紹介されてもいる。

（14）『金沢市史』資料編六・近世四（金沢市史編さん委員会、二〇〇〇年）五八〜六〇頁参照。

（15）前掲註（11）『岡山市史』一六一六・一六一八頁。

（16）『備作之史料（五）金沢の宇喜多家史料』（備作史料研究会、一九九六年）。

（平成二十四年六月稿、同年十月加筆）

宇喜多氏の石高をめぐって

元禄四年（一六九一）八月一日のことである。加賀藩主前田綱紀（一六四三～一七二四）は、前年に送付した八丈島への援助物資について、同島の宇喜多一類が確かに受け取ったとの報告をうけていた。(1) このとき綱紀は、持ち前の向学心からであろう、義理の大伯父（祖父利常の異母姉の夫）にあたる宇喜多秀家について以下のように下問した。「浮田中納言殿秀家知行高百万石之上ニ候哉」と。

家臣は答えに窮したらしい。綱紀の問いにかみあわない返答がこうである。「百万石と承及、其余之義しかと不奉存」と。そのため綱紀から、「浮田殿御家来」（の子孫らしい）堀部養叔なる人物に尋ねるよう下命があって、これを小瀬又四郎（堀部養叔の次男）に申し含めて確認させたところ、次のような話が出てきた。

【史料1】『温故集録』「浮田家旧領高御尋」（一部抜粋）

備前・播磨・美作三ヶ国ニ候へ共、美作ハ他領多有之、七十万石ニハ結不申候、但世間ニてハ百万石と申候、然共不入棹之地ニて収納者凡二、三百万石も可有之由中村刑部申聞候由也、

実際のところ七〇万石には届かないが、世間では一〇〇万石と言っている、だが未検地分（を含めた全領国のことで

あろうか）は、およそ二～三〇〇万石はあったという。情報源の中村刑部は、寛永十三年（一六三六）つまり、この時点から五五年前に没した加賀藩士で、秀家の家臣中村次郎兵衛として、惣国検地をはじめとする宇喜多氏の領国支配に携わった人物である。(2) 話の出所はもっともらしいが、誇張も甚だしい。この逸話自体も史実として鵜呑みにできないが、しかし内容はなかなか興味深い。

事実は随分異なっている。大名宇喜多氏の総石高について、基本的なことを確認しよう。一般的には五七万四〇〇〇石と言い慣わされているが、(3) およそ三十年前、『岡山県史』近世Ⅰが編まれた時点（一九八四年）で、朝尾直弘氏によって『日本賦税』に見える四七万四〇〇〇石という数値がより実説に近いことが明瞭にされていた。(4)

備前と美作とは一円が宇喜多氏の領地である。問題はその他の領分にある。まず備中国について。いわゆる「中国国分」（～天正十三年（一五八五）二月）によって、宇喜多・毛利両氏の領国境は、備中高梁川（川辺川）に設定され、その東部を宇喜多氏が取ったとされている。この領国の範囲はたとえば次の証言からも肯定されよう。やや年代は下って慶長元年（一五九六）十一月、処刑のため大坂から長崎に陸路護送されたキリシタンが、播磨赤穂郡（Acongori）から川辺川（Cobegaba）まで、その護送を（秀家配下の）明石掃部が担当したと記している。(5)

朝尾氏は以下の見方を立てて四七万四〇〇〇石説を採っている。まず備中の川辺川以東の領分を、都宇・窪屋の二郡と見た。豊臣期毛利氏における惣国検地の結果を伝える「八ヶ国御配地絵図」のうち、備中国絵図にはこの二郡が欠けているから、「高梁川以東のうち南部の一部」に宇喜多領は限定されていたのではないかと。残る播磨については明確でないが、赤穂・佐用の両郡をもって宇喜多領と目し、以上を合算して四七万余石、これが朝尾氏の推定である。(6)『日本賦税』によって慶長年間の石高を備前二二万三七六二石・美作一八万六〇一九石と推定（合算して四〇万九七八一石）しても、蓋然性の高い数値といえよう。(7) また、備中の宇喜多領については、森脇崇文氏が都宇・窪屋二郡に、(8)

上房・賀陽二郡の一部を加えるべきことを指摘している。

その他、朝鮮出兵時に負担した軍役が一万人[9]であったことから推して（後述）、大名宇喜多氏の石高は四七万四〇〇〇石、だいたい五〇万石弱が妥当なところであろう。そのほか委曲に示し得ないのが遺憾であるが、あまり細かい数字を操作しても仕方がないので、さらに少し視点を変えて考えてみる。

【史料2】（慶長二年）五月十七日付椙杜元縁宛毛利輝元黒印状[10]

追〻申候、来十日秀元（毛利）出船ニ候、然者人数揃之儀、於関・府之間、自身下向候而可申付候、一人も於不足者可為越度候、此度之儀、備前中納言（宇喜多秀家）宰相（毛利秀元）同勢ニ候、備前之儀者弐万之着到ニ候、此方之儀三万と被仰出候、備前衆一倍無之候へ者一大事之儀候、旁分別肝要候、くミ中へもたしかに可申聞候也、

五月十七日　（毛利輝元）（黒印）

椙下（椙杜下野守元縁）

毛利輝元は、家臣の椙杜元縁に宛てて大略次のように述べている。来月十日に毛利秀元（輝元養嗣子）が出船して朝鮮半島に向かう予定だから、自分も直接差配もするが、指定通りの人数が揃わなければ落度であると。

そのあとの記述がひっかかる。「備前之儀者弐万之着到ニ候、此方之儀三万と被仰出候、備前衆一倍無之候へ者一大事之儀候」。備前の宇喜多秀家は二万人、毛利は三万人という指示が出たが、こちらは備前衆の「一倍」＝倍の人数が出せなければ「一大事」であると。

秀吉の歓を得るための言辞ではない。家臣への発破であろうし、天正十年以前は敵対して激しく戦った宇喜多氏へ

の輝元の微妙な感情も透けて見える。

毛利氏の軍役高は七三万四〇〇〇石である。[11] 総石高一一二万石から無役高を減じたこの軍役高に対して、一〇〇石につき四人＝四人役を負ったので、勘定すると二万九三六〇人の軍勢となる（734,000石÷100石×4人＝29,360人）。およそ三万人。輝元の書状通りである。

問題は宇喜多氏で、事実は一万人を出したに過ぎない。輝元はなぜ二万人と記したのか。第一次の朝鮮出兵時に一万人で、第二次ではその倍の負担というのは、宇喜多氏にすれば酷に過ぎるから、輝元の誤認か、梱杜らに発破をかけるために人数を誇大に盛ったのかもしれない。

ともかく、宇喜多氏は一万人を負担した。そこで同じ中国地方の大名である毛利氏と同じく四人役で負担の算定が行われたとすれば、宇喜多氏の軍役高は逆算して二五万石程度になる。仮に四七万四〇〇〇石を総石高とすれば、二二万石程度が残り、これを在京賄料や寺社領から成る無役高とすれば、その総石高に対する比率は約四六％。他大名と比べても妥当なところであろう（宇喜多氏の石高が五七万四〇〇〇石とすると、無役高は三二万石程度で全体の五五％、無役高の割合が高過ぎよう）。毛利氏の場合の無役高の比率は約三九％であるから、この試算でいくと、宇喜多氏の負担は、毛利氏に比べるとやや軽めである。

いずれにせよ、大名宇喜多氏の実高一〇〇万石とか、二〜三〇〇万石というのは全くの虚構であって、敢えて結論を求めるとすれば、やはり五〇万石弱に行き着くのである。

なお、この宇喜多領に大名蔵入地（直轄領）がどれほどあったのか。具体的な史料は極めて乏しいが、秀家の有力家臣長船紀伊守の配下に寺内喜左衛門なる人物がおり、岡山藩池田家に奉公したその遺児（寺内彦兵衛）が以下のような書上を残している。

【史料3】『岡山藩家中諸士家譜五音寄』「寺内彦兵衛」[12]（一部抜粋。傍線部筆者）

一、私親寺内喜左衛門と申候、生備前之内和気郡日笠村ニ而御座候、浮田中納言（秀家）殿内長船紀伊守と申候家老之内ニ居申候、知行ハ作州之内はい田（林田）ノ郷高野村・おし入（押入）村ニ而千百石取申候、一代之内心馳之義とかく申候へ共、然と存候者無御座候、

一、浮田中納言ゟ私親ニ代官所備前之内・播磨之内・備中之内ニ而八万石被仰付、又知行備前之内香、登村ニ而三百石、浮田中納言殿ゟ被仰付候由申候、私九歳之年ニ而御座候故委不存候、私召仕候おとな山本三郎右衛門与申者、今程町人仕、当町千阿弥町ニ居申候、此ものニ尋候ヘハ右之仕合申候、親ハ関ヶ原年ニ伏見ニ而相果候、

彦兵衛が亡父の「おとな」＝老臣山本三郎右衛門から聞いた話が事実とすれば、寺内喜左衛門は、長船紀伊守のもとで、備前・播磨・備中の大名蔵入地八万石の管理を代官として任されていたことになる（傍線部）。ちなみに亡父は「関ヶ原年ニ伏見ニ而相果候」とある。この年、【史料1】に登場した中村刑部こと次郎兵衛は、いわゆる宇喜多騒動の渦中にあって遭難している。同様に、次郎兵衛一派の者として「寺内道作（造）」なる人物が、家臣団内部で対立関係にあった戸川達安・浮田左京亮らに成敗されたという（『戸川家譜』）。彦兵衛の父喜左衛門は、恐らくこの「寺内道作（造）」と同一人、乃至その縁辺の人物ではなかろうか。

秀家の蔵入地の話である。こうした記録類において、過去の事績や先祖の経歴を粉飾するのは、そう珍しくない。【史料1】の二〜三〇〇万石もそうである。このほか加賀藩に仕えた秀家の旧臣一色雅楽助（主膳）の子孫は、宇喜多氏時代は一万石の扶持を貰っていたと前田家に申告したが、実際のところは千石に過ぎない。[13] 寺内の八万石も眉唾なが

ら、この人物が蔵入地の管理にあたっていたことは【史料3】から引証できるだろう。このようにその管理の一端は伝わるが、結局のところ蔵入地の多寡はわからないままである。

御前帳など根本的・確実な史料を見出し得ないので、右の考証は極めて迂遠、これ以上の詮索なり実証はすこぶる困難である。もし前田綱紀に疑いを質されても、答えられるのは現状ではこの程度の、――豊臣期宇喜多氏の石高は「四七万四〇〇〇石」ないし約五〇万石弱と目すべき、といった理解でしかない。だが、一般的な「五七万四〇〇〇石」を、右の検討をもって斥くべきことは明らかだろう。

註

（1）『温故集録』五（金沢市図書館叢書八、金沢市立玉川図書館近世史料館、二〇一一年）所載「浮田家旧領高御尋」より。同書は、前田綱紀の調査・収集した史料を森田平次（柿園、一八二三〜一九〇八）が整理したもの。

（2）拙稿「中村次郎兵衛再考」（『宇喜多家史談会会報』一九、二〇〇六年。「長船紀伊守と中村次郎兵衛」と改題・加筆のうえ拙著『豊臣期の宇喜多氏と宇喜多秀家』岩田書院、二〇一〇年所収）参照。

（3）たとえば『国史大辞典』二（吉川弘文館、一九八〇年）「宇喜多氏」の項（水野恭一郎執筆）には「備前・美作・備中東半で五十七万石余を領する」とする。この数値の初出は『廃絶録』（文化十年〈一八一三〉起筆という）かと思われる（森俊弘氏のご教示による）。『廃絶録』上「慶長五年諸家没収之部」（藤野保校訂『恩栄録・廃絶録』近藤出版社、一九七〇年）に「五十七万四千石」とある。

（4）『岡山県史』六・近世Ⅰ（岡山県、一九八四年）第一章第一節。宇喜多領の範囲については、同書第一章第四節（人見彰彦執筆）においても言及されている。なお、四十七万四千石説は、「天正年中大名帳」（『大日本租税志』所引）等々からも確認できる。

（5）本書Ⅱ第一章「明石掃部の基礎的考察」を参照のこと。
（6）前掲註（4）『岡山県史』序章（朝尾直弘執筆）。
（7）この見解の蓋然性については森俊弘氏よりもご教示を得た。
（8）森脇崇文「宇喜多氏備中領の範囲について」（『倉敷の歴史』二二、二〇一二年）。
（9）拙稿「富川達安をめぐって―豊臣期宇喜多氏権力の一断面―」（『倉敷の歴史』二一、二〇一一年。加筆のうえ拙著『「大老」宇喜多秀家とその家臣団』岩田書院、二〇一二年所収）において関説している。あわせて参照されたい。
（10）『閥閲録』三十（椙杜伊織）（『萩藩閥閲録』一、山口県文書館、一九六七年）。
（11）天正十九年三月十三日付豊臣秀吉朱印知行目録（『毛利家文書』九五七）。および三鬼清一郎「朝鮮役における軍役体系について」（『史学雑誌』七五―二、一九六六年）を参照。
（12）倉地克直編『岡山藩家中諸士家譜五音寄』二（岡山大学文学部、一九九三年）一一一頁。
（13）「先祖由緒幷一類附帳」・「諸氏系譜」および「慶長初　宇喜多秀家士帳」（いずれも金沢市立玉川図書館近世史料館加越能文庫所蔵）に拠る。

（平成二十四年十月稿）

［追記］　本書の校正終了後、【史料1】の典拠が『葛巻昌興日記』（金沢市立玉川図書館近世資料館加越能文庫所蔵）元禄四年八月一日条であることを見出した。あわせて参照されたい。

Ⅱ　明石掃部の研究

緒　言

本小冊子には、明石掃部および宇喜多氏に関する論考を収録する。明石掃部は、備前岡山の大名宇喜多氏の有力家臣であったが、近世このかた現在に至るまで満足な検討を加えられて来なかった。残存史料は極めて僅少、現状の打開は容易なことではない。しかし黙し難いのも事実で、多少なりとも正確・妥当な掃部像を提示してみたい、そういう企図のもと成ったのが本小冊子である。第一章「明石掃部の基礎的考察」以外は、いずれも新たに書き下ろした。関ヶ原合戦以後の宇喜多氏関係者の動向を通じて、往々「史料不足」といわれる宇喜多氏研究上の私見を述べる「宇喜多氏研究の困難とその可能性」、および豊臣期宇喜多氏の石高を推定する「宇喜多氏の石高をめぐって」*、この二篇とあわせて、明石掃部はもとより、宇喜多氏や中近世移行期政治史の研究にいくばくか寄与するところがあれば幸甚である。最後に、各論で参照した先行研究、幾多の障害を乗り越えて欧文史料の訳出に携わった諸先学、史料の閲覧を許された所蔵機関、筆者に活動の場を与えられた岡山地方史研究会、常日頃から激励・教示を賜っている先達・畏友に深く感謝して緒言とする。

平成二十四年十月三十一日

著　者

＊本書Ⅰに収録

第一章　明石掃部の基礎的考察

はじめに

小稿の課題は、慶長五年（一六〇〇）九月、関ヶ原合戦に至るまでの宇喜多秀家の家臣明石掃部(1)の履歴と動向、そして掃部の宇喜多氏家中での立場を検討することである。

掃部その人については大坂の陣における豊臣方としての活動が、当時から喧伝されていたと見られ、キリシタンであったこととあわせて、この人物の印象をほとんど決定づけている。掃部といえば、キリシタン武将として大坂の陣で奮戦したと。

関係史料の僅少さが、掃部を伝説的人物に仕立てている嫌いもある。史上の人物として研究者の検討対象となるよりも、もっぱら物語小説の主人公として作家に料理されてきた。関ヶ原合戦から大坂の陣に至る間の、詳らかでない消息もまた、文筆家の食指を動かしてきたのであろう。

畢竟するに我々は、明石掃部という人物に関して、宇喜多秀家に仕え、のち豊臣方に与して大坂の陣を戦ったキリシタン武将であるという、極論すればこのわずかな知見以上の理解を得られていない。物語小説の類を手に取れば、縦横に活躍する掃部の姿を思い描くことはできようが、古文書・古記録の裏付けをもたぬ記載は、度を越せば掃部の虚像をふくらませ、読者と掃部その人との距離を拡げるばかりである。ことに正確な伝記が存在せず、物語と史実との比較が難しい掃部の場合は、なおさら小説の虚構が独り歩きしているといっていい。

　こうした問題意識のもと、小稿は関ヶ原合戦以前に限って、掃部を史上の人物として位置付けるべく多少の検討を試みる。あわせて、宇喜多氏家臣団構造の一端についても言及するであろう。

第一節　先行研究

　第一に先行研究を挙げておく。明石氏そのものについては、石田善人氏(2)による詳細な検討がある。本貫地を播磨国明石郡明石郷とする明石氏は、戦国期に至って備前へ移住し、当地で強勢を張った浦上氏（通説的見解に従えば守護赤松氏のもとで守護代を務めた）の被官となる一派を生んだ。明石掃部はその備前明石氏の流れを汲むという。「守重」という実名の指摘や、その知行地を整理した点で有益ながら、残念なことに秀家期宇喜多氏における掃部の動向について、ほとんど言及するところがない。

　掃部その人についていえば、史論家で政教社同人として知られる福本日南（一八五七〜一九二一）が、江戸期の編纂物を広く蒐集して書き上げた「明石全登」(3)、これが現在もなお指を屈すべき参考文献の一つである。だが、参照すべき情報と、そうでない口碑とが混在しており、総じて掃部に対する江戸期の言説を集めたものとして、利用に際しては一々吟味を加える必要がある。たとえば、『別本当代記』の「明石掃部は太閤取立の者、十万石取申候」、『土屋知貞私記』の「太閤直参になり、十万石ほどの身代」、『古押譜』の「其官位、従五位下、左近将監」といった伝承を総合して、「夙に太閤に器重せられて、直参格に列し、此位階重禄を受け来つた」との評価を下すが、以下に検討する通り、かかる評価もその根拠となった伝承も、いずれも徴証の得られぬ(ないし蓋然性を欠いた)後代の取り沙汰であって、虚構といわぬまでも積極的に採るべき見解ではあるまい。

そこで、より確実な記述を求めるとすれば、松田毅一氏の論考に突き当たる。(4) 国学者飯田忠彦(一七九八～一八六〇)の編著『野史』に見える掃部の略伝を挙げ、その履歴をキリシタン関係の文献から補足・修正していく松田氏の論述は的確である。以下箇条書きに挙げると、

①宣教師の報告上での明石掃部の初見は、西暦一五九六年十二月十三日付の長崎発信ルイス・フロイスの書簡。太閤秀吉の大坂における建築監督として、また、洗礼を約束した人物として記されている。

②翌年のフロイス書簡では、掃部が洗礼をうけたこと、それから宇喜多秀家の義兄弟(姉妹婿)であることが報ぜられる。また、サン・フェリペ号事件、二十六聖人殉教事件をうけて、掃部は殉教の覚悟を定めたという。なお、掃部の受洗を一五九六年末か翌年初頭と松田氏は指摘する。

③秀吉死後、掃部は備前・備中・美作で「使徒的成果」を収め、二千～三千の信徒を得ていたらしい。

④関ヶ原合戦では、黒田長政の勧めで降伏し、その助命嘆願によって筑前に移住する。掃部は家臣三百人とともに客遇され、「キリシタンの範」と仰がれたが、その動向が長政の嫌忌に触れて禄を離れ、老母・妻子とともに艱難した。大坂の陣が起こると、大坂城に入城し、一軍の将となった。

おおよそ以上の通りとなる。なお、松田氏は大坂の陣後、土佐国に逃れた掃部とその係累の消息に論及し、興味深い文章を成しているが、ここでは主題に即して宇喜多氏時代の掃部に絞って検討を進めていく。松田氏の論考では覆

い切れなかった部分、つまりキリシタンとして以外の、宇喜多氏家中における掃部の姿をも含めて、筆者は考えてみたい。

次いで『国史大辞典』の岡田章雄氏[5]による記述も大いに参考となるので掲げておこう。

【参考】岡田章雄「明石掃部」（一部抜粋）

江戸時代前期の武将。名は守重。全登・全薑と号す。キリスト教を信じ受洗してジョアンという。備前国出身で宇喜多秀家・黒田如水の親戚にあたり、父景親とともに宇喜多家に仕えた。慶長五年（一六〇〇）関ヶ原の戦に参加、西軍の敗北により宇喜多家が没落したため浪人となり、黒田直之の領地筑前秋月に隠れ、のち長崎に移った。

短文だが、ほぼ確実なところを突いている。ただし、松田氏と同様に、宇喜多氏の内部で掃部がどのような立場にあり、いかような役割を担ったかという点は、右の整理からはほとんど読み取れまい。なお、岡田氏は参考文献にレオン・パジェス（フランスの日本研究者。一八一四～八六）の『日本切支丹宗門史』[6]（一八六九年刊行）を挙げるのみで、松田氏の論考をはじめ日本側の史料を示していない。

欧文史料の活用については、フーベルト・チースリク氏の仕事も有益である。氏は松田氏の研究同様、イエズス会士の報告書から掃部の入信経緯などをまとめている。

他に加原耕作氏[7]の言及があるが、『浮田家分限帳』から掃部の知行高を拾うなど、岡田氏の文章より、なお詳しく叙している感はある。だが、松田氏の論考を参照した形跡のないことや、掃部の自署書状など同時代史料への言及[8]がないこと、全体として『吉備温故秘録』[9]（以下『温故』と表記）の祖述である点は注意を要しよう。先行研究は大凡以上である。

第二節　掃部の出自と宇喜多氏家中での立場

次いで掃部の出自を考える。『温故』など（現在の岡山県地域における）江戸期の編纂物によれば、明石飛騨守景親の子といい、『野史』といった編纂物および石田氏らの先行研究もこれを採っているが、今少し詳しくこの辺りを考えておこう。

飛騨守景親は、宇喜多直家の時代に飛騨守行雄、次いで秀家の時代には伊予守行雄を称した人物と同一人と考えられる。なお、この飛騨守を称する人物の実名については、既に石田氏が指摘するように、同時代史料には「行雄」とのみ見え、「景親」との自署は皆無だから「行雄」として差し支えない。

では、元来浦上氏の被官であった明石氏は何時宇喜多氏に服属したのか。伝承によれば、浦上宗景の麾下にあった行雄は、宇喜多直家による天神山城の攻略に際して、宗景から離反したという。たとえば、十七世紀後半に成立した『浦上宇喜多両家記』[10]（以下『両家記』と表記）は下記の通り伝えている。

【史料1】『両家記』（一部抜粋）

明石飛騨守始源三郎ト云、児嶋麦飯山ノ城主ト西国太平記在ハ浦上宗景ノ家臣也、宗景ト隙出来テ天神山ヲ立退、直家抱置ケル、浦上滅亡ノ後、直家家臣トナル也、四万石組ナシ、大名分也、直家馳走有テ結構ニ応答給フ、知武トモニアリ、能人ト聞ヘタリ、実際、小早川隆景がこの抗争の最中に「明飛現形」（明石飛驒守）[11]と記していることから見て、右の伝承は実説と見て大過ない。この天正三年（一五七五）九月頃と見られる天神山落城[12]＝備前浦上氏の没落をもって、行雄の帰属は浦上氏から宇喜多氏に移ったのである。

さて、この行雄という人物は、天正十六年時点で「諸大夫」＝従五位下に叙されており、[13]当時の伊予守の称も僭称ではなく正規のルート（関白豊臣秀吉の斡旋）を経て与えられたものと見ていい。この時点（天正十六年）で叙任されていた宇喜多氏家臣が、確実なところでは他に長船貞親（越中守）を数えるのみであるから、行雄の立場の大きさが推しはかられる。さらに踏み込んでいえば、【史料1】『両家記』が「大名分」、『温故』が「客分」と表現したように、富川（戸川）・長船・岡といった宇喜多氏重臣とは一線を画した存在であったと考えられる。

近年、森脇崇文氏[14]が検討を加えているが、豊臣期宇喜多氏の領国支配は、はじめ富川・長船・岡（および直家実弟の宇喜多忠家）ら宇喜多氏家中では大身の有力家臣が担い、文禄年間（一五九二〜一五九六）を画期としてそれ以降は、宇喜多秀家が能力に応じて登用したであろう中村次郎兵衛（家正）ら近習出頭人（森脇氏は「直属奉行人」と表現）を主なる担い手とした。（中村らと協働したと思しき長船紀伊守を除く）大身の有力家臣は、時期を追って政策決定の表舞台からは遠ざけられていったらしい。直家に従った行雄も、この分類でいえば斥けられた有力家臣に列なるが、むしろ、そもそも宇喜多氏の領国支配に関係した徴証に乏しい行雄は、実際も『温故』が喩えた「客分」というべき立場にあったのではなかろうか（「客分」については後述）。

次いで掃部の検討に移ろう。まず掃部は、この行雄の子であろうか。【史料1・4】『両家記』には「明石飛驒守」の「嫡子」と見えるが、残念ながら確証はない。ただし、残存する宇喜多氏の分限帳（「慶長初　宇喜多秀家士帳[15]」）に、行雄の名が見出せないこと、そして、この秀家時代末期の宇喜多氏家中の構成を伝える史料を見る限りでは、明石氏を称して万石を超える知行を給されているのが掃部一人であることから推せば、少なくとも掃部が行雄の後継者たることは肯定できる。

両者の関係については、『閥閲録』巻五十（国司吉右衛門）に収める次の文書も参考となろう。

【史料2】（文禄三年）十一月十二日付山口正弘宛明石伊予守行雄書状(16)（一部抜粋）

尚々於已来御用之儀候者、掃部頭所へ可被仰付候、私事御宿御見廻ニも可参事、老足之儀ニ付不及是非候、

小早川隆景に養子入りした羽柴秀俊（小早川秀秋）の（備後三原城への）下向を寿ぐことから始まる書状の追而書（尚々書）である。行雄の「老足」、要件があれば今後は「掃部頭」に連絡するようにといった文言からは、行雄の隠居と掃部の家督継承を推断できる。

この点をめぐって以下の秀家参内に関する触条を挙げておく。

【史料3】（文禄五年）四月十六日付宇喜多秀家触状(17)

態申触候、仍御参内ニ付而、立から（ミ）の馬入候間、服部孫三・板波山介申次第ニ見せ可申候、自然機ニ入候者、一日可借候、為其令申候也、

卯月十六日　（秀家花押）

但組中まて

岡越前守殿
富川（達安）肥後守殿
長舟紀伊守殿
明石掃部助殿 無御座候
花房（秀成）志摩守殿
岡采女正殿
浮田平太殿
浮田河内守殿
岡本権之丞殿
長船吉兵衛殿
服部権兵衛殿
中吉平兵衛殿
角南隼人殿
浮田六郎右衛門尉殿
苅田与右衛門尉殿
村田七郎右衛門尉殿
宍甘四郎左衛門尉殿
烏山左馬允殿

【表1】(文禄五年)四月十六日付宇喜多秀家触状に見える人名とその知行高　単位：石

No.	氏名 括弧内は触状での表記	慶長初 ※1	加増年・加増高(石)						文禄5 ※3
			慶長4	慶長3	文禄5	文禄4	文禄3	不明	
1	戸川(富川)肥後守	25600	4970	6100	—	—	7000	—	14530
2	岡越前守	23330	730	1000	—	—	—	10000	21600 ＊11600
3	長船(長舟)紀伊守 ※2	24084	3454	1000	5000	—	7000	—	19630 ＊14630
4	明石掃部頭(掃部助)	33110	—	10610	—	—	10000	—	22500
5	花房志摩守	14860	—	500	—	—	8000	—	14360
6	岡采女正	—	—	—	—	—	—	—	—
7	浮田平太	6000	—	—	—	—	3000	—	6000
8	浮田河内守	4500	—	—	—	—	—	—	4500
9	岡本権丞(権之丞)	3265	1700	—	—	—	—	—	1565
10	長船吉兵衛	24084	3454	1000	5000	—	7000	—	19630 ＊14630
11	服部権兵衛	—	—	—	—	—	—	—	—
12	中吉平兵衛尉 (中吉平兵衛)	1510	—	—	—	—	300	—	1510
13	角南隼人佐(隼人)	1520	—	—	—	—	—	—	1520
14	浮田六郎右衛門尉	—	—	—	—	—	—	—	—
15	刈田(苅田)与右衛門尉	800	—	40	—	—	—	200	760 ＊　560
16	村田七郎右衛門尉	—	—	—	—	—	—	—	—
17	宍甘四郎左衛門 (四郎左衛門尉)	800	—	360	—	100	—	—	440
18	烏山左馬允	—	—	—	—	—	—	—	—

※1　知行高は「慶長初　宇喜多秀家士帳」(金沢市立玉川図書館近世史料館加越能文庫所蔵)に拠る。
※2　長船紀伊守は慶長初年に没。後継者長船吉兵衛がその知行を引き継いだと仮定して、吉兵衛の知行高を長船紀伊守に反映。
※3　同欄の＊の知行高は、加増年不明等によって両様考えられることを示す。

秀家は参内にあたって必要な「立から《（ミ）》の馬」（詳細不明）を、服部孫三・板波山介の言う通りに見せて欲しい、気に入れば一日借りたいとして、一八人の組頭にこの触状を回覧した。岡・富川（戸川）・長舟（長船）以下の主要家臣が列挙されるなかに（行雄ではなく）掃部が見出せる。筆者の比定通り【史料3】が文禄五年のものであれば、これ以前に掃部が家督を継いだことを証するものであろう。

掃部が何時家督を相続したか、具体的に明答を与える史料はないが、仮に行雄が没するなどして掃部がその跡を襲ったとすれば、それは文禄年間以降（さらにいえば文禄五年四月以前）のことといえそうである。

なお、行雄については、「今度高麗御供事」との文言の見える年未詳六月二十八日付長信（未詳）書状[18]に「明與州《（明石伊予守）》出陣候哉」とある。「六月」という時期に出陣が取沙汰されているから、ここでいう「今度高麗御供事」は、秀家の出陣が慶長二年（一五九七）六月に比定される第二次朝鮮出兵（いわゆる「慶長の役」）への従軍を指していよう。文禄三年時点で「老足」だった行雄が果たして朝鮮半島に渡海したか否かは定かでないが、その存命は確かである。按ずるに、掃部は行雄存命中に家督を譲られたものと筆者は考える。

ちなみにこの第二次朝鮮出兵への従軍有無は明らかでないが、天正二十年（文禄元年）四月開始の第一次朝鮮出兵（いわゆる「文禄の役」）には、掃部が加わっていたらしい。朝鮮側の史料『隠峯野史別録』によると、漢城（ソウル）に陣を構えた秀家の武将として、岡家利・斎川紀伊守・浮田左京亮（秀家従兄弟）・花房職之・明石掃部頭（守重）・江原兵庫頭の名が挙げられている。また、偽文書説もあるが、掃部の自署書状[19]からも朝鮮在陣が推定できよう。

ここでは、秀家の時代（文禄年間以降）、明石行雄のあと、掃部が宇喜多氏家中の明石氏一族を代表する立場についた可能性の高いことを指摘しておきたい。

なお、掃部の居城については、『温故』が、飛騨守景親から継承したとして磐梨郡保木城を挙げるが、現時点ではこれを傍証すべき有力な情報はない。和気郡大股城主という福本日南の見解にも確証がない。なお疑問としておこう。

続いて宇喜多氏家中における掃部の立ち位置・役割について考えたい。『温故』は（その父と記す景親（行雄）の代から）「客分」であったと表現するが、それ以上の確たる見解を示していない。他方、『温故』に百年程先行する【史料4】『両家記』は下記の通り伝承する。

【史料4】『両家記』（一部抜粋。【史料1】に後続）

嫡子明石掃部頭家督ヲ受テ国ノ小大ノ用ニモ不構、家老分ニテ耶蘇天宗尊敬シテ、浮田ノ家ノ宗ノ張本トナル、其後石田（三成）叛逆ノ時、秀家ノ家老戸川（達安）・岡越前・浮田左京・花房（秀成）志摩等家ヲ离レ退ク、掃部家老トナリ、一人軍陣相勤ケル、

編纂物たることを充分留意すべきであろうが、「国ノ小大ノ用ニモ不構」・「家老分」という記述は、けだし示唆的である。掃部は家老の立場にあったが、領国支配には携わらなかったということか。

先に触れた「慶長初　宇喜多秀家士帳」によれば、掃部の知行高は三万三一一〇石。これは文禄三年に一万石、慶長三年に一〇〇〇石、同年「山之内」（美作国山内）に九六一〇石が加増された上での知行高である。知行高から考えれば【史料4】『両家記』の「家老分」という掃部の立場は、ほぼ首肯できよう。

この点は【史料3】家臣一八人の、恐らく家中での序列を反映した記載順からも補強できる[20]（前掲【表1】もあわせて参照）。要するに掃部の序列を、岡・富川・長船三氏に次ぐ四番目、秀吉との関係から出頭した花房秀成の上席と見る

ことが可能である。【史料3】に見えない浮田左京亮との序列関係は明確にできないが、掃部は「秀安（富川）・岡豊前（家利）・長船越中（貞親）三家老」（『戸川家譜』[21]）といわれ家中最上席にあった三氏に次ぐ地位を占めたのであろう。

また、分限帳に書き上げられた掃部の与力が明石四郎兵衛（無役で一〇〇〇石、美作三星城を預かる）一人であるというのも、数十人から一〇〇人超の与力を付けられていた戸川達安や岡越前守といった他の有力家臣との比較からいえば、はなはだ不自然である。これらを総合すれば、掃部の立場は宇喜多氏から半独立の恰好をとる、換言すれば「客分」と結論づけて大過ない。

筆者の言う「客分」とはなにか。他の大名家中に、果たして掃部の如き存在をどの程度見出せるか、その点は今後の検討課題ながら、①大名権力の軍事的従属下にあっても、他の家臣団から一定程度遊離＝家中から半独立の立場にあって、②なおかつ領国支配の実務にも主体的に関係しない、③さらに宇喜多忠家のように秀吉に直属して豊臣政権による大名統制策の一端を担う[22]こともなかった、以上三点の条件を満たす掃部の如き存在を、筆者は試みに「客分」という言葉で表現したい[23]。

なお、かかる明石氏の立場の背景として、岡本明郎氏の指摘を付記しておこう。氏は（宇喜多）「直家は一度は同盟関係を結んだ武将・家族をしばらく後には亡ぼすのが常であったが明石氏のみは例外であった」として、その根拠に「明石氏が銅山経営者、技術集団の統率者であった」ことを挙げている[24]。前半の直家に関する箇所は、『備前軍記』をはじめとする近世編纂物に描かれた直家像に基づく記述かと思われ、まったき史実とは認めがたい。後半の言及もまた、事実か否かの判断はつきかねるが、秀家期において家中第一の知行を宛行われた明石氏に、そうである事実の裏付けとして「銅山経営者、技術集団の統率者」の横顔を加えることができるのかもしれない。

第三節　キリシタンとしての掃部

再び【史料4】『両家記』の叙述を徴すると、掃部は領国支配よりもむしろ、自らの信仰に行動の主軸を据えていたようである。キリシタンの掃部は、「浮田ノ家ノ宗ノ張本トナル」、按ずるに、宇喜多氏領国におけるキリシタンの中心的存在になったという。この点はどうか。

　同時代史料から考えよう。以下に挙げるイエズス会士の報告は、キリシタンへの好意的に過ぎる記載も散見されるが、同時代人の見聞として傾聴すべき史料である。先述松田氏の論考が既に利用した史料に、筆者の遇目した史料・編纂物での知見を交えて、改めて説いておこう。

　まず入信の経緯は、ポルトガル人宣教師ルイス・フロイスによる一五九六年度年報[25]から確認できる。既にキリシタンであった浮田左京亮が、その自邸（大坂城下であろう）に京の修道院長を招き、かつ、その修道院長が伴った修道士に「太閤の大坂での建築工事のすべてを監督している（明石）掃部殿という或る貴人に対してデウスの法を説教するよう求め」たという。なお、「太閤の大坂での建築工事」は文禄三年（一五九四）以降に進められた大坂城の拡張工事（惣構の普請）を指すものと考えられる。

　この修道士による説教は、掃部の希望によって「四ツ時」（午後十時頃）まで及び、掃部は「自分は都において残りの説教を聞いて洗礼を受けるつもり」と約束した。実際、この年報の後段に「三ヵ国の国主である備前宰相（宇喜多秀家）の甥《ママ》である（明石）掃部殿が大坂で洗礼を授かった」と記されている。

　なお、掃部の受洗については、イエズス会宣教師のペドロ・モレホンによる「一六一五年より一六一九年まで日本及び支那に於て継続せる大迫害に関する記録」[26]（一六二一年）に、以下のような言及があって注意せらるる。周囲の人々（「彼の義兄弟の一人及びキリシタンである友人」）の勧めで教理を聞いた掃部は、「教えの戒律を完全に守ることができない」「一度或る教えに従った後に他の教えに入ることは身分高く名誉のある人物の為すべきことではない」といった懸念を抱いていた。受洗の機会は、周囲の人々によって三〜四回つくられたが、掃部は「幾多の理由を設けて」逃れていたという。結句「主の恩寵が勝利を得」て掃部は入信するのだが、――以上の挿話、この人物の誠実・慎重が推し量られて興味深い。別の機会に触れた浮田左京亮の受洗例と比べて好対照を成している。[27]

先述松田氏の論考では、この一五九六年度の年報に掃部の受洗を認めておらず、翌年のフロイス書簡を総合して一五九六年末〜九七年初頭に掃部が洗礼をうけたと指摘していた。ただし、論考発表後に右の書簡の訳出に携わった松田氏も気付かれたに相違ないが、掃部の入信は、実際には一五九六年中の出来事である。すなわち、浮田左京亮の手引きでキリスト教に触れた掃部は、（以下に紹介する長崎二十六聖人殉教事件発端以前の）文禄五年（十月二十七日慶長改元。一五九六）十月以前に入信したことが確定できる。

では、キリシタンとなった掃部の活動についてはどうか。慶長元年すなわち掃部の受洗前後の時期、サン・フェリペ号事件を発端として秀吉が禁教令を再公布し、捕縛したキリシタンを長崎へ送って処刑した（長崎二十六聖人殉教事件）。

掃部はこの禁教令の公表直後（西暦一五九六年十二月九日＝和暦文禄五年十月二十日の夜）、左京亮と連れ立って大坂の教会を訪れ、イエズス会司祭二人の泉州堺への退避を勧めている。当初この申し出を固辞した司祭も、彼らに押し切られて、左京亮の屋敷、次いでこのために準備された大坂城下の退避先に移ったという。司祭の伝道を罪に問い、これを処刑するとの（秀吉の）命が下った場合、潜伏していても直ちに出頭する、というのが退避の条件であった。ルイス・フロイスはこの時の掃部を評して述べている。「真なる信仰ぶりを示した」[28]と。
掃部はすぐに国元の岡山へ発ったらしい。捕縛されたキリシタンは京・伏見・大坂・堺を引き回された後、陸路長崎へ送られた。途上、播磨国赤穂郡から備中国川辺川(高梁川)までは宇喜多氏の領分である。そこで明石掃部が、キリシタンの護送役を担ったらしい。大坂で捕縛されたイエズス会の三木パウロは、備前片上から【史料5】のような書簡を、京・大坂の司祭に送っている。掃部の信仰や、彼がこのとき殉教する可能性のあったことを伝えて興味が尽きない。

【史料5】(西暦一五九六年)十二月二十六日(和暦慶長元年十一月七日)付三木パウロ書簡[29](一部抜粋)

この月《(十二月)》の廿六日に私共は備前国片上村に到着いたしました。主が私共に授け給うた奇特な神慮によつて、昨日からこのことで恩恵を失うのではないかと心配いたしています。播磨国赤穂郡(Acongori del Reino de Farima)という村から備前国(三日の旅程ある)川辺川(Cobegaba)という村まで明石掃部に私共は渡されました。彼は私を見るや否や手を把つて、貴師方には申上げようもないほど涙を流して泣きました。彼がきりしたんの諸事には怯懦を示さず志操堅固であつたことは申すまでもありませんが、太閤が私共の人数に加えるために、彼を捜索することを希望すると言い、又彼の信仰を明らかにしましたので私は慰められました。

以後の掃部はどうか。イエズス会士の報告書をもとに編纂された『一五九九—一六〇一年、日本諸国記』[30](以下『諸国記』と表記)によれば左の通り。「ドン・ジョアンというキリシタン名をもっていた」「中納言の義兄弟である明石掃部殿」は、「強い熱情とデウスについての深い知識を有し」、イエズス会の修道院に同輩を連れてゆき、数年のうちに

「備前の藩庁の重立った貴人たち」を改宗させたという。

【史料6】『諸国記』第二十二章（一部抜粋。括弧内は訳者註）

かの地方で最良、かつきわめて主要なキリシタン宗団は数年前に始まったのだが、備前中納言（宇喜多秀家）と呼ばれる異教徒の三カ国の殿の領国においてである。備前中納言は、平素は大坂に居住しているので、彼の重立った武士たちは大坂に在勤する。その幾人かは説教を聞くのに我らの修道院に来て、多くの者が改宗した。その中で主要な人物は、中納言の義兄弟である明石掃部殿であった。

（中略）

ドン・ジョアン（引用者註—明石掃部のこと）というキリシタン名をもっていた。彼は迫害の時期に、自分の宗教と信仰の大いなる模範を示してきたので一般には、もう一人の（高山）ジュスト（右近）と見なされている。強い熱情とデウスについての深い知識を有したこの武士は、他の人々を説教を聞くために伴って来、数年でこの地は備前の藩庁の重立った貴人たちが改宗した。そしてこの国では二千名を越えるキリシタンが洗礼を受けるであろう。当国は彼の義兄弟である国主が不在で、（明石）ドン・ジョアンが治めている。

以上から考えれば、【史料4】『両家記』におけるキリシタンとしての掃部に関する記載は、ほぼ実相を伝えているのだろう。こうした掃部の姿は『戸川家譜』にも語られる、「明石掃部切支丹を専ら勧《（ママ）》るゆへ、忍んで伴天連を呼下し勧めけるに、不傾ものなし、家中不残此流に成りぬ」と。「家中不残此流に成りぬ」との箇所はさすがに疑うべきだが、他の部分の蓋然性は高いと考えられる。掃部はキリシタン「ドン・ジョアン」として、その信仰を周囲の人々に弘めていたのである。掃部の信仰への態度は、結果的に二〜三千の信徒を宇喜多氏領国で得、松田氏が「使徒的成果」とこれを喩えることにつながる。

なお、【史料6】に後続して、掃部の姉妹とその夫の改宗が伝えられている。掃部の姉妹は「自分の兄弟（明石）ドン・ジョアンに倣ってキリシタンとな」り、「（明石）ドン・ジョアンと親交のある」その夫もまた「徐々にデウスの諸事に親しみを覚えるようになり、後には教理問答の説教を聞きながら密かに授洗」したという。信仰の度合いはともかく、この掃部の「姉妹と結婚した備前の重立った首長の一人」は誰であろうか。筆者は【史料7】『両家記』から推して岡越前守をその有力候補に挙げたい（光成準治氏[31]もまた、（典拠は不明ながら）「明石行雄（掃部頭の父）の娘婿とされ」る岡越前守をもって、「イエズス会の記録」に見える掃部の義兄弟に比定している）。

【史料7】『両家記』（一部抜粋）

岡越前守ハ豊前守（岡家利）嫡子也、継家督而秀家ノ家臣也、明石飛騨守（行雄）婿也、小田原陣ニモ勤ム、高麗陣ニモ往也、慶長年中家老役ヲ務ム、戸川肥後守（達安）備前ヲ退キテ、跡仕置仕ル、関ヶ原ノ節ハ奈良ニ居テ軍ニ不出ユヘ昵近シテ備中ノ内ニテ七千石被下、大坂乱ノ時、明石掃部ト縁者タル故、長子平内大坂ニ籠ルニ付、後ニ於京都越前モ、平内モ切腹ス、二男忠兵衛ハ江戸ニテ切腹シ家絶也、

前段において、掃部が明石行雄の「嫡子」であるか否かを考えた。ここで【史料6】掃部の姉妹を媒介として、彼女を岡越前守の内室とする仮定の上に、岡越前守が【史料7】「明石飛騨守婿」・「明石掃部ト縁者」たることを信用すれば、掃部と行雄とが親子関係にあった可能性はより高まるであろう。

第四節　掃部と宇喜多騒動

『戸川家譜』は特記する、戸川達安・浮田左京亮らと長船紀伊守・中村次郎兵衛らとの党派対立の激化と、その最中にあって「明石掃部ハ、彼宗門《キリスト教》を弘めんとのミにて、何れへも不寄」という掃部の動静を。【史料4】『両家記』にも「国ノ小大ノ用ニモ不構」とあった。確かに秀家の時代、掃部が政事向きの事柄に携わった同時代史料は管見の限り見当たらない。宗教・軍陣以外の事跡を伝えるものは、先に見た大坂城の改修に（恐らく宇喜多氏の）責任者として関わったというイエズス会士の報告がほぼ唯一である。わずかに伝来する自署書状も、朝鮮出兵・関ヶ原合戦の前哨戦という戦時にしたためられていた。

前段に触れたが、秀家の時代、領国支配の担い手は大身の有力家臣から、近習出頭人に移っていく。『戸川家譜』の伝える党派対立は、この新進の近習出頭人が中心となって進めた惣国検地（文禄三年〔一五九四〕に実施）などの政策をめぐって次第に醸成されたものと考えられる(32)。

かかる情勢下にあっても掃部は「何れへも不寄」、この家中の不調和に中立を保ったというのが『戸川家譜』の証言である。実際のところその実否の断定は難しいが、近年の研究を踏まえても、前段までの「客分」といった掃部の立ち位置を考慮しても、掃部と領国支配との関係は密接と言い難いように思われるから、その「何れへも不寄」も実説の可能性が高いように思われる。ひとまず小稿は、家中の混乱に対する掃部の態度を、この『戸川家譜』の記述に従って考えておきたい。

ところが、党派対立が慶長四年～五年（一五九九～一六〇〇）の宇喜多騒動に発展し、秀家に抗した浮田左京亮・戸川達安・岡越前守・花房秀成、そして近習出頭人の中心たる中村次郎兵衛が家中を退去すると事情が一変したらしい。再度『諸国記』を繰ってみる。慶長四〜五年頃の事情を伝えるこの史料には、宇喜多秀家が平素大坂に居住していること、また、そのために主要な家臣も大坂に詰めていることが記される。その上で以下の言及がある。「当国は彼の義兄弟である国主が不在で、(明石)ドン・ジョアンが治めている」と。

この記述は、恐らくは宇喜多騒動を経て、宇喜多氏の中枢がほとんど空洞となり、党派対立や宇喜多騒動に関係の薄かった掃部が、領国支配の表舞台に押し出された状況を伝えたものと考えられる。騒動後、ほどなく帰参した岡越前守が一時的に「仕置」を行ったらしいが、その越前守も慶長五年五月には再び家中を退去してしまう。(33)敷衍していえば、譜代重臣のほとんどが秀家のもとを去り、その原因の一端を成した中村次郎兵衛も失脚した。あわせて家中騒動を防ぎ得ず、その収束も徳川家康を介した公儀(豊臣政権)に委ねた秀家の求心力も、内外を問わず著しく低下したと考えられる。かかる宇喜多氏内部の混乱を、秀家を補佐しつつ安定させるためには、秀家の「義兄弟」＝一族であり、「客分」として家中の党派対立とは一線を画していたと思しき掃部その人を措いて他に登用する者がなかったのではないか。

最終的に、宇喜多氏家中で万石以上を知行する大身は、長船紀伊守の死によって家督を継いだばかりの長船吉兵衛、新参の正木左兵衛(本多政重)、そして掃部のわずか三人を数えるばかりになった。(34)掃部はここに、宇喜多氏領国の施政万端を取り仕切らざるを得ない立場に据えられたと考えられる。以上、あくまでも周辺状況から引き出した仮説ながら、筆者の考える最も蓋然性の高い見方を示しておきたい。

しかし、かかる掃部に任された喫緊の課題は、宇喜多騒動で失った数多の家臣たちの欠を補うことであった。関ヶ原合戦直前、秀家と袂をわかって徳川家康に従った戸川達安に対し、「於上方人の存たる衆余多被相抱候」(後述)と報じた掃部が、このほか領国経営に如何な施策をもって臨んだか（臨もうとしたか）は、遺憾ながら前掲【史料6】および【史料8】『諸国記』をわずかな例外として、これを傍証すべき伝承すらない。

【史料8】『諸国記』第二十二章（一部抜粋。括弧内は訳者註）

（明石）ドン・ジョアン（掃部）は世人からすこぶる賢明かつ勇敢な武士であると見なされ、万事につけて傑出していた。そして国主の義兄弟で、同国の重立った奉行であり、かつ毎年三千五百クルザードに相当する五千石の収入を得ているので、大きい屋敷と多数の家臣を有している。彼と妻とをデウスに委ねるため、屋敷には十分に備わった聖堂があり、そこには彼と親交あるすこぶる高貴なキリシタンたちが出入りしている。（明石）ドン・ジョアンは多くの喜捨や慈善事業を行ない、つい先日には、長崎の教会を助けるため十分な布施を命じた。

以上の引用箇所からも、掃部と領国支配との具体的関係は読み取り得ないが、この人物のキリシタンとしての面目は、躍如として伝わってくる。この時期、朝鮮出兵の軍役負担や惣国検地の影響をもって宇喜多氏領国の荒廃が想定されている。(35)かかる状況下での掃部による「多くの喜捨や慈善事業」は、無論、掃部の富裕を示すものというよりも、キリシタンとしての掃部の、敬虔さを汲むべき証言として見るのが穏当であろう。

第五節　関ヶ原合戦

慶長五年（一六〇〇）七月十七日、徳川家康の非違を論う秀家・毛利輝元連署の書状、および石田三成を除く三奉行

（前田玄以・増田長盛・長束正家）が連署した「内府ちかひの条々」の公表をもって、所謂「西軍」が決起した。石田三成を事実上の編成者とする「西軍」は、会津の上杉景勝討伐に出向いた徳川家康に対し、これらの弾劾状をもって挙兵したのである。[36] 関東の家康は、この報せをうけて軍勢を上方へ引き返す。

このとき戸川達安は、家康方＝所謂「東軍」の先遣隊として西上し、掃部に書簡を送っている。[37] 宇喜多騒動によって戸川達安は秀家のもとを離れ、そのまま帰参しなかったらしい。

達安はその書簡のなかで「今度ハ不慮之御たてハかり（立別）無是非次第ニ存候事」と互いの立場に遺憾の意を表した上で、秀家や掃部の近況を尋ねたり、自陣の動静を報ずるに次いで以下の如く述べた。

家康の勝利は間近い、そのため「秀家御身上之儀、此時滅亡と存事候」。ただ、家康は秀家嫡男「侍従殿（宇喜多秀高）」を「むこ」として取り立てる意向であると。家康方への寝返りによって宇喜多氏の存続を図るよう掃部に秋波を送っている。「御家あひ続候様にハ、貴殿御分別にて如何やうとも可罷成事ニ候」、宇喜多氏の滅亡は自分にとっても本意ではないとする達安は、「惣別秀家御仕置にてハ国家不相立とハ天下悉しりふらし申事ニ候」と秀家を激しく批判もする。

【史料9】（慶長五年）八月十九日付戸川達安宛明石掃部頭書状[38]（傍線部筆者）

清須迄御上付、御使札本望存候、
一、如被仰越、今度者不慮御立別、互無是非御事候、
一、拙子事、伊勢表御仕置等為可承、十日以前より此地罷越候而有之事候、秀家事、伏見落城之後ハ大坂被罷下候、
又此比ハ草津表被罷出、在陣之事候、
一、内府御先手衆至于清須御着岸之由、尤可為左様と存事候、其付貴様御事、先手衆ニ御加候て其元御出候由、此

度善悪ニ可懸御目と存候事、
一、内府公去十六日江戸被成御立之由、此度之義、被成御上候ハて不相叶儀候条、尤可為左様候、内々存候ハ、只今迄無御上事不審存候キ、
一、御弓箭之儀、内府御勝手、程有間敷之由、被仰越候、其方ニ而ハ左様ニ思召事尤候、此方衆中被仰候ハ、秀頼様御勝手ニ可被仰付事ハ案中候、併内府於御上ハ菟角可被及防戦候之間、其上にての御事候、
一、秀家御家中儀被仰越候、誠各御無覚期故、外実悪罷成候、然共御聞及も可有之候、於上方人の存たる衆余多被相抱候、存外丈夫ニ有之事候間、於其段ハ可御心安候、
一、浮左京(浮田左京亮)殿、あのゝ津表へ為加勢御出勢之由候哉、津より迎致候を途中ニ而被打果候条、いまた津へハ御越有間敷と存候、津之城儀、急度御取詰ニ而候、定不可有程候と存候、
一、御両人事、度々此方ニ而申出候、此比御左右不承候ツ、預御書中、満足此事候、
一、貴殿御事、内府御厚恩之由候之間、とにもかくにも御したにて可有御果との御内存尤候、然者貴所御妻子事、只今和州(大和国)郡山ニ御在宅事候、秀頼様可為御勝手候間、右之衆中少も如在不可存候間、可御心安候、
一、善悪之返事可申越之由承候、只今の御書中ニ而ハ様子不相聞候間、御内意為可承、一人相副進之候、
恐々謹言、

明(明石)掃部頭
守(花押)

八月十九日
戸(戸川肥後守達安)肥様まいる

御報

【史料9】はその達安に対する掃部の返書である。掃部は「此度善悪ニ可懸御目と存候事」すなわち、良かれ悪しかれ御目にかかるであろうと、達安の誘いを軽くいなした上で、「秀頼様御勝手ニ可被仰付事ハ案中候」云々と、あくまでも秀頼の勝利を主張して家康との対決姿勢を崩さなかった。

また、「秀家御家中儀」から始まる一条において掃部は、騒動後の宇喜多氏について記している。「於上方人の存たる衆余多被相抱候、存外丈夫ニ有之事候間、於其段ハ可御心安候」と。しらが康義氏(39)がこの文言を捉えて「果して数ヶ月のうちに新規召抱えの家臣によって軍事力が補強されるであろうか、疑問が多い」と指摘する通り、文面通りには受け取られないが、掃部は騒動後の家中の再建(少なくとも軍事的な体制の建て直し)に努めたのであろう。

小括

明石掃部は、宇喜多氏家中では「客分」と表現できる一種独特の地位にあり、領国支配の中心を担うというよりも、戦時に軍役を担う他は、先行研究が洗い出した様に、総じて熱心なキリシタンとして振舞っていた。宇喜多騒動に関係した形跡も見当たらないから、家中の党派対立にも中立を持したらしい。しかし、掃部を政事の表舞台に押し上げたのが、この政争への淡泊さであった。騒動の結果、「客分」であった掃部が領国支配の責任者に急浮上する。宇喜多秀家は大名としての威信と有力家臣の大半とを一時に失った。秀家の義兄弟、家中随一の大身、しかも騒動のほとんど埒外にあった掃部を措いて、家中の再建を担うべき人材はない。もっとも、慶長五年(一六〇〇)九月十五日の関ヶ原合戦が宇喜多氏領国を解体したから、重責を担った掃部の活動は極めて短時日のうちに終局を迎えた。故にこの間の掃部の事績は、近世にまとめられた日本側の編纂物には、ほとんど書き残されなかったのであろう。あるいはキリスト禁教下、キリシタンとしての掃部を側面照射することや、大坂の陣において幕府に楯突いた掃部を詳述することは、伝承の筆録者には嫌忌の対象となったのかもしれない。

以上、関ヶ原合戦に至る掃部の前半生についての基礎的考察を試みた。

註

(1) 一般には「全登」の称で著名であるが、関ヶ原合戦以前、宇喜多氏家臣時代のこの人物は一貫して「掃部」ないし「掃部頭」・「掃部助」を名乗っていたと見られる。また、関ヶ原合戦以後も「明石掃部」(『本光国師日記』)の称で知られ、掃部と直接・間接に交わった宣教師も「Acaxi Camondono」と表現する。実名には「守重」説があるが、なお疑問としておきたい。後掲註(8)を参照。

(2) 石田善人「明石と明石氏について」(藤井駿先生喜寿記念会編『岡山の歴史と文化』福武書店、一九八三年)。

(3) 福本日南『大阪城の七将星』(文會堂書店、一九二一年)。

(4) 松田毅一「一条兼定・明石掃部について」(海老沢有道監修・基督教史学会編『切支丹史論叢』小宮山書店、一九五三年)。なお、キリシタン関連史料の利用にあたっては、松田毅一『近世初期日本関係南蛮史料の研究』(風間書房、一九六七年)を逐次参照した。

(5) 『国史大辞典』一(吉川弘文館、一九七九年)。

(6) レオン・パジェス(吉田小五郎訳)『日本切支丹宗門史』上・中・下(岩波文庫、一九三八〜四〇年)。同書における掃部関連の記述を一部抜粋すると下記の通りで、類似・相似点の多い後掲註(30)「一五九九―一六〇一年、日本諸国記」を典拠に利用したものと思われる。

【参考】吉田小五郎訳『日本切支丹宗門史』第一編「内府様の時代」第一章「一六〇〇年」（一部抜粋。括弧内は訳者註）

備前には、又実に立派な人々がゐた。此国の大名備前中納言殿（宇喜多秀家）は、三箇国を領有し、異教徒であつた。然し、彼に代つて領内を治めてゐた従兄弟《クーザン》のヨハネ明石掃部殿《アカシカマンドノ》（明石掃部助守重又は全登といふ、秀家との血縁は未だ確かめ得ない）は、熱心なキリシタンであつた。此領内には、新たに二千人の授洗があつた。而して筑後に於けると同様、掟や習慣によつて、死刑の宣告を受けた人々のために命乞をする事が不可能であつた為、その霊魂を救ふために改宗が企てられた。

(7)『岡山県歴史人物事典』（山陽新聞社、一九九四年）「明石全登」の項。

(8) 明石掃部の自署書状は、管見の限り、（慶長五年）八月十九日付戸川達安宛書状（「備前水原岩太郎氏所蔵文書」七『岡山県古文書集』〔以下『岡古』と表記〕三）、天正二一年《（文禄二年）》二月十五日付中西四郎右衛門尉宛書状（「美作牧山家所蔵文書」七『岡古』四）が確認できる。前者は「明《（明石）》掃部頭守《（守重）》」、後者は「明石掃部頭守重」との署名が確認されるという。ただし、前者は現時点での所在が明らかでなく、後者も前原茂雄氏によって偽文書の可能性が指摘されており、原文書を実見した前原氏によれば実名箇所は「之重」と読めるらしい（同「戦国期美作における土豪の歴史的展開―中西氏の基礎的研究―」『矢筈山』六、二〇一一年）。なお、（文禄四年）四月十六日付宇喜多秀家判物写（「備前遠藤家文書」一『岡古』四）、（慶長五年）九月十四日付飯尾太郎左衛門宛宇喜多秀家書状（「古文書集」。藤井治左衛門編『関ヶ原合戦史料集』新人物往来社、一九七九年所収）には「明石掃部助」とある。

(9) 十八世紀末に岡山藩士大沢惟貞（一七四〇～一八〇八）が編纂（『吉備群書集成』所収）。明石掃部への言及を一部引用すると左の通り（巻之三十八、磐梨郡保木城の条）。

明石掃部全職《ママ》父飛驒守に継て居城、掃部《宇喜多士帳に三万三千百石》は父飛驒守代より客分にて、老臣の列とは雖も、あしらひ外の老臣よりは、能して有けるを、岡山家中一乱已後、国政を執行ふ者不足に付、秀家卿より掃部に国政を被命、再三固辞すれども、外に可任人なしとの儀に付、止事を得ず、執政の役を勤ける、さて掃部は切支丹宗を信じ、伴天連を岡山へ呼、我宅に置家中町在まで此宗をすゝめ、改宗させければ、宇喜多左京・岡越前守・戸川友林《富川秀安》・同肥後守《達安》・花房志摩守《秀成》などは改宗せず。長船《紀伊守》・中村二郎兵衛《次郎兵衛》などは切支丹宗故、又家中二つに分れ中悪くなりけり。関ヶ原乱後は掃部は大阪《ママ》へ浪人となりて行、切支丹を専らとせしが、大阪《ママ》乱の節一方の大将と成、能働有、落城後行方不知といふ、一説に南蛮へ渡ると云、未詳

なお、右の「岡山家中一乱」は、いわゆる宇喜多騒動を指す。宇喜多騒動については拙著A『豊臣期の宇喜多氏と宇喜多秀家』（岩田書院、二〇一〇年）第二部「秀吉死後の宇喜多氏」を参照。

（10）『備作之史料（五）金沢の宇喜多家史料』（備作史料研究会、一九九六年）所収。戸川源兵衛安吉（富川＝戸川達安の子）の編著。延宝五年（一六七七）の成立。引用にあたっては金沢市立玉川図書館近世史料館加越能文庫（以下、加越能文庫と略）所蔵本を底本として利用した。

（11）（天正三年）九月五日付桂景信・井上元勝宛小早川隆景書状（『久世町史』史料編一・編年史料、二〇〇四年所収）。

（12）天神山落城の年代については、旧来、岡山藩士土肥経平（一七〇七〜八二）の編著『備前軍記』（安永三年〈一七七四〉成立）に基づく天正五年説が通説的地位を得ていたが、近年に至ってこの天正三年説に修正されている。田口義之「美作三星城主後藤勝基に就いて」（『岡山地方史研究』五五、一九八七年）、寺尾克成「浦上宗景考—宇喜多氏研究の前提—」（『國學院雑誌』九二—一二、一九九一年）、岸田裕之「小瀬木平松家のこと　付、「新出沼元家文書」の紹介と中世河

川水運の視座」(『熊山町史調査報告』四、一九九二年)、森本繁「戦国史料批判」(『剣酢漿草の乱舞』山陽新聞社、一九九五年)、しらが康義「天神山落城についての一史料」(『岡山藩研究』一三、一九九七年)を参照。

(13) 永禄十一年六月一日付延原景能等連署状(「備前來住家文書」六『岡古』四)に「明石飛騨守行雄」、年未詳十一月六日付書状(「美作沼元家文書」三『岡古』三)には「明飛行雄」との署名が見える。その行雄は、『天正記』(『輝元公上洛日記』)天正十六年七月二十五日条に「明石《諸大夫》伊与《(予)》守」と見える(長船越中守貞親にも同じく「諸大夫」の付記が見える)。恐らく諸大夫成の折に飛驒守から伊予守へと改めたのであろう。なお、明石行雄については拙稿「宇喜多氏家臣の叙位任官」(『年報赤松氏研究』二、二〇〇九年。前掲註(9)拙著A所収)、同「明石行雄について」(『宇喜多家史談会会報』四四、二〇一二年)も参照。

(14) 森脇崇文「豊臣期大名権力の変革過程—備前宇喜多氏の事例から—」(『ヒストリア』二二五、二〇一一年)。豊臣期宇喜多氏権力の変質は、前掲註(9)拙著A、および拙著B『「大老」宇喜多秀家とその家臣団』(岩田書院、二〇一二年)においても検討している。

(15) 加越能文庫所蔵(前掲註(10)に「慶長初年　宇喜多秀家士帳」として翻刻)。森脇崇文「宇喜多氏分限帳の分析試論—諸写本の比較検討から—」(『史敏』九、二〇一一年)によれば、現存十数種の写本のうち、本分限帳がもっとも古態を残すものという。

(16) 『萩藩閥閲録』二(山口県文書館、一九六八年)所収。

(17) 前掲註(8)「備前遠藤家文書」。書状の年代については『岡古』四、および加原耕作氏が天正十六年説(同「遠藤家に伝わる宇喜多秀家触状」『宇喜多家史談会会報』一六、二〇〇五年)を示しているが、岡越前守・富川達安・長船紀伊守らが見えることから文禄年間以降と判断し、さらに上記書状の「御参内」は、(文禄五年)四月十四日付秀家書状(加越能文庫所蔵「諸家所蔵文書写」所収。なお本書状は森脇崇文氏の示唆によって調査した）に記される秀家の「御参内」と同一の事例を指すと理解し、文禄五年に比定した。なお、天正十六年説では、たとえば長船貞親が前掲註（13）『天正記』に見出せるように、岡家利・富川秀安・長船貞親（いずれも天正十六年時点で存命）が見えない点は不審であり、花房秀成も「志摩守」ではなく、この時期には「又七」を名乗っている（天正十六年）七月二十六日付道悦宛花房秀成書状案「湯浅文書」一五三『山口県史』資料編中世三、二〇〇四年）等々の疑問を説明できない。

（18）「美作沼元家文書」六（『岡古』三）。本稿の初出時（『岡山地方史研究』一二五、二〇一一年）には、本書状を第一次朝鮮出兵時の消息を伝えるものと見たが、本文の通り訂正する。

（19）前掲註（8）「美作牧山家所蔵文書」。

（20）花房秀成には宇喜多氏と秀吉への両属関係も想定できる。拙稿「花房秀成の来歴一端」（『戦国史研究』六一、二〇一一年。のち「花房秀成の基礎的考察」と改題・加筆して前掲註（14）拙著B所収）を参照。

（21）『早島の歴史』三・史料編（一九九九年）所収。『両家記』と同じく戸川源兵衛安吉の編著と見られる。異本に「戸川記」（「翁草」、『改定史籍集覧』二五に所載）がある。

（22）拙稿「宇喜多忠家について」（『岡山地方史研究』一〇六、二〇〇五年。のち「宇喜多忠家」と改題・加筆して前掲註（9）拙著A所収）を参照。なお、宇喜多氏家中における忠家に類似の存在として、たとえば佐竹氏における佐竹義久を想定することができよう。佐竹義久については、山口啓二「藩体制の成立」（『山口啓二著作集』二、校倉書房、二〇〇八年。初出一九六三年）、藤木久志「豊臣期大名論序説」（同『戦国大名の権力構造』吉川弘文館、一九八七年。初出一九六四年）等を参照。

（23）この点は前掲註（14）拙著B「終章」においても検討・言及している。参照されたい。

（24）岡本明郎「岡山県東部のキリシタン遺跡・遺物」（『熊山町史調査報告』四、一九九二年）。氏は「瀬戸町保木の明石の山城は瀬戸町鍛治屋・熊山町小瀬木などの銅山坑口を守る役目も持っていた。吉永町小板屋は明石氏の寝小屋・倉庫群があり、上流から運ばれた粗銅をここに集積したらしい」ともいう。今後の検討課題ながら、この評価が妥当なものかどうか博雅の示教を得たい。

（25）松田毅一監訳『十六・七世紀イエズス会日本報告集』一―二（同朋舎出版、一九八七年）所載の家入敏光訳「一五九六年十二月十三日付、長崎発信、ルイス・フロイスの一五九六年度、年報」。

（26）フーベルト・チースリク編著『芸備キリシタン史料』（吉川弘文館、一九六八年）四三〇～四三八頁所収（佐久間正訳）。

（27）拙稿「浮田左京亮」（『宇喜多家史談会会報』二三、二〇〇七年。加筆して前掲註（9）拙著A所収）。

（28）松田毅一監訳『十六・七世紀イエズス会日本報告集』一―三（同朋舎出版、一九八八年）所載の家入敏光訳「一五九七年三月十五日付、ルイス・フロイスのイエズス会総長宛、長崎における二十六殉教者に関する報告書」、およびR.Galdos編・新井トシ訳註「フロイス日本二十六聖人殉教記―一五九七年三月十五日附書翰―」（『日本文化』三二、一九五二年）。

（29）R.Galdos編・新井トシ訳註「フロイス日本二十六聖人殉教記」四（『日本文化』三五、一九五五年）。

（30）松田毅一監訳『十六・七世紀イエズス会日本報告集』一―三（同朋舎出版、一九八八年）所載の田所清克・住田育法・東光博英共訳「一五九九―一六〇一年、日本諸国記」。

（31）光成準治『関ヶ原前夜―西軍大名たちの戦い―』（日本放送出版協会、二〇〇九年）。ただし、同書については拙稿「宇喜多騒動をめぐって―光成準治著『関ヶ原前夜』第五章への反論―」（『日本史研究』五七三、二〇一〇年。前掲註（14）拙著B所収）をあわせて参照のこと。

（32）前掲註（9）拙著A参照。物国検地については寺尾克成「宇喜多氏検地の再検討」（米原正義先生古稀記念論文集刊行会編『戦国織豊期の政治と文化』続群書類従完成会、一九九三年）、森脇崇文「豊臣期宇喜多氏における文禄四年寺社領寄進の基礎的考察」（『年報赤松氏研究』二、二〇〇九年）などを参照。

（33）拙稿「宇喜多氏の家中騒動」（『岡山地方史研究』一〇九、二〇〇六年。前掲註（9）拙著A所収）、同「秀吉死後の宇喜多氏―いわゆる宇喜多騒動を中心に―」（『日本歴史』七二七、二〇〇八年。同上所収）など。

（34）前掲註（15）「慶長初　宇喜多秀家士帳」より推定。長船紀伊守は慶長二年～四年頃に病死（『戸川家譜』・『両家記』など）。正木左兵衛（本多政重）は慶長四年に一万石で秀家に召し抱えられたという。ただし「慶長初　宇喜多秀家士帳」などの分限帳には左兵衛を見出し得ない。拙稿「本多政重の仕官」（『宇喜多家史談会会報』三〇、二〇〇九年。前掲註（14）拙著B所収）を参照。

（35）しらが康義「戦国豊臣期大名宇喜多氏の成立と崩壊」（『岡山県史研究』六、一九八四年）。

（36）関ヶ原合戦と秀家については、拙稿「宇喜多秀家の関ヶ原合戦」（前掲註（9）拙著A所収）を参照。

（37）（慶長五年）八月十八日付（明石掃部頭宛）戸川達安書状案（「備前水原岩太郎氏所蔵文書」六『岡古』三）。なお、本文書と後掲註（38）文書とは、『岡山市史』二（岡山市役所、一九三六年。永山卯三郎編）によれば、「庭瀬藩主戸川氏、後撫川の旗本戸川家に傳はりしが今は友澤清胤氏の管藏に歸せり」（一六一四頁）とある。それが先の大戦を挟んだ十数年のうちに、郷土史家水原岩太郎の所蔵に移ったと見られるが、『岡古』編纂から半世紀以上を経た現在、この往復書簡の行方は定かではない。

（38）前掲註（8）「備前水原岩太郎氏所蔵文書」。尾張国清須から戸川達安が書状を寄越したことを「本望」と喜ぶ掃部の返書は、以下の各条から成っている。達安書状を踏まえて簡単に意訳する。〔一条目〕今度の「不慮御立別」はお互いに是非もない。〔二条目〕自分は十日以前から、伊勢方面の仕置などのため当地にある。秀家は徳川方の伏見城を落とした後、大坂に戻り、近頃は草津に在陣している。〔三条目〕達安も加わる徳川家康の先手衆が清須に着岸とのこと、今度の合戦では善かれ悪しかれ御目にかかるだろう。〔四条目〕家康が八月十六日に江戸を発ったとのこと、家康の西上は当然で、これまで家康が上って来なかったことを自分は不審に思っていた。〔五条目〕今度の合戦、家康の勝利が近いと報じて来たが、徳川方（の達安）がそう考えるのは尤もである。当方は家康を防ぐまでのこと、豊臣秀頼の勝利を信じている。〔六条目〕秀家の家中について批判してきたが、外聞が悪くなったのは（達安ら）各々の無覚悟による。上方にて名士を多く召し抱え、（宇喜多騒動によって達安らが退去したが）存外に家中は「丈夫」だから、心配無用である。〔七条目〕徳川方の浮田左京亮が、安濃津城（徳川方。城主は左京亮の姉妹婿富田信高）の加勢へ向かったとのこと。城方からの迎えの兵は途中で討ち果たされたので、左京亮は到着していないだろう。安濃津城は程なく落城しよう。〔八条目〕達安・左京亮両人のことは当方でも度々話題に上っていた。書状によって近況を知り満足である。〔九条目〕家康の厚恩をこうむり、徳川方として討死すべきとの達安の覚悟は尤もである。大和国郡山の達安の妻子は、秀頼の勝手次第であるから心配無用である。〔十条目〕善かれ悪しかれ返書が必要とのことだが、達安の書状では状況がつかめない。達安の内意を確認するため、使者を一人副えてこの返書を差し上げる。

（39）　前掲註（35）しらが論文。

（平成二十三年一月稿、同二十四年十月・同二十六年八月加筆）

第二章　関ヶ原合戦以後の明石掃部

はじめに

小稿の課題は、慶長五年（一六〇〇）九月、関ヶ原合戦以後の宇喜多氏旧臣明石掃部の動向を、諸々の史料から総合的に検討することにある。キリスト教徒に対する時に誇大ともいえる推称を差し引けば、同時代史料として信頼するに足るイエズス会士の報告書を骨子に、各地に残る口碑の類を勘案して叙述を進めていく。管見の限りでは、掃部の書簡といった確実な史料の一切が烏有に帰しているが、蓋然性の高い論述は不可能事ではあるまい。

第一節　欧文史料に見る関ヶ原合戦・戦後の掃部

まず先行研究をもとに掃部の動向を整理したい。その場合、福本日南[1]による諸伝承の集積が、執筆年代からいえば第一に参照さるべきであるが、「附言」と題する註釈的箇所以外は、日南による編集が加わっており、内容にも玉石混交の感が強い。そのため、欧文史料をもとに的確な整理を行う松田毅一氏[2]、およびイエズス会司祭のフーベルト・チースリク氏[3]の仕事をもとに、以下掃部の動向を考えてみたい。ことに第一節・第二節に挙げた欧文史料は、ほぼチースリク氏の引証するところであり、私見を述べる折はその旨特記する。

第一に慶長五年九月十五日、関ヶ原合戦における掃部について。「一六〇一年二月二十五日付、長崎発信、ヴァレンティン・カルヴァーリュのイエズス会総長宛、日本年報補遺」[4]（以下「日本年報補遺」）によれば左の通りである。

明石掃部ジョアンは、「敏捷で軍略に非常に巧みな者」であったが、奮戦の甲斐なく「裏切り者の軍勢によって置き去りにされ」（小早川秀秋らの「西軍」から「東軍」への寝返りによる宇喜多勢の混乱状態か）、敵軍勢に包囲され死地に陥った。自死を禁ずるキリシタンであった掃部は、戦死を遂げるべく敵陣深く斬り込んでゆく。

徒歩で戦う掃部は、（「東軍」に属した）「内府様《（徳川家康）》側についていた己が友人の甲斐守」こと黒田長政に遭遇した。長政も「衣服と武具」によって掃部その人を見出し、掃部に「友人としての挨拶」をしてこれを鼓舞し、次のように言った。「どうして明石掃部が、敵たちが射つ弾丸の雨の中で無事におれるのか自分はまったく驚かずにはおれぬ。あるいは少なくともこの種の危険にあることが判っていれば、国の風習に従って自決すべきではなかろうか」と。

掃部は答える。「自分はデウスに対する畏敬の念から、そのような犯罪行為を非常に恐れた。自分がわざともっとも密集した軍勢の中へ突入したのは、勇ましい軍兵たちの中で戦って敵の手にかかって討死しようとしたのである。もし甲斐守自身の手によって、首級が刎ねられるとしたら並々ならぬ恩義を感じるであろう」と。

長政は、掃部の望みを斥け、むしろその助命を家康に掛け合うことを申し出た。馬から降りた長政は、掃部に騎乗を勧め、自らは家臣の馬を用いた。

戦後、長政は約束通り家康にかく願った。「明石掃部を助命して、彼を自分の家臣に入れることを許して欲しい」と。家康はこれを容易に許可した。

ここまでが「日本年報補遺」による、関ヶ原合戦当日から掃部の助命に至るまでの模様である。細部の叙述は虚実見定め難いが、掃部が長政によって救われた（召し抱えられた）ことは、それぞれ孤立するイエズス会士の報告・後述する福岡藩関連の日本側史料双方から証し得るから事実と見ていい。

引き続き「日本年報補遺」から掃部の動向を眺めよう。掃部はその後、大坂を訪れ、当地のイエズス会士から二、三日歓待された。そのとき掃部は、生命の危険を免れた上に、「残りの人生を栄誉をもって過ごすだけの豊かな俸禄」が（長政から）得られたことをデウスに感謝したという。

関ヶ原合戦後、長政には筑前国が与えられた。長政と「親密な友情によって結ばれた」掃部もまた、「三百名のキリシタン」をともなって当地に移り、長政から「十分な扶持」を給わった。

以上が「日本年報補遺」の伝であって、前掲チースリク氏もこれの史実たることを支持して紹介するところである。諸所において重複し、細部において異同のある記述が『一五九九―一六〇一年、日本諸国記』(5)（以下『諸国記』）にも見受けられるが、ここでは同時代性に勝る「日本年報補遺」を利用した。なお、筑前一国を得た長政が名島城に入ったのは、慶長五年十二月のことである。

だが、掃部の順境は長くは続かなかった。欧文史料の読解をもとに、松田氏は以後、大坂の陣に至るまでの掃部の動向を次のように整理する。筑前での掃部は「キリシタンの範と仰がれたが、その熱心さは、遂には長政の機嫌を損じて解雇され、而も到る処で斥けられ、老母、夫人、二人の子供と共に苦難の生活を送った」と。チースリク氏もまた（小稿で後述する通り）掃部が長崎において所領没収の沙汰をうけたと記している。

では、これらの点を、続いて「一六〇一年九月三十日付、長崎発信、フランシスコ・パシオのイエズス会総長宛、一六〇一年度、日本年報」(6)（以下「一六〇一年度日本年報」）から見てみよう。同報告によれば、長政から知行を与えられた掃部は、「去る六月」＝西暦一六〇一年（慶長六年）六月に、イエズス会の司教・司祭たちを訪問するため長崎に赴いた。掃部はそこで「己が身を現世の煩わしさからまったく隔離するため」に、「司祭館で生活することを許してほしい」と願ったらしい。だが、イエズス会の上長たちは、掃部の幼い息子たち（長男でさえ十二歳未満という）のことや、掃部が「現在キリシタンに与えている恩恵」を以後与えることができなくなる点を挙げて、掃部の願いを斥けた。この六月中、掃部は当地の聖祭すべてに参加し、あわせて「亡妻が葬られた慈悲の聖母教会」を毎日訪れて祈禱をささげたという（宇喜多秀家の姉妹といわれる掃部の妻はこの時点で死去していたらしい）[7]。

かかる掃部が筑前への帰国を考えた折から、所領没収を伝える黒田長政の使者が到着した。没収の理由は、長政が左の如く考えたことによる。関ヶ原合戦で徳川家康に敵対した宇喜多秀家の縁者でもある掃部が、長政の庇護のもと生存して、多数のキリシタンを養っていることが家康に知られると、「ひどく厄介なことが起こりはせぬかと恐れたから」と（この事件に関する『諸国記』の叙述は一部異なる）。

掃部は、「顔色を全然変えず」穏やかに使者を迎え、筑前への帰国と、没収の命令に服することを決意した。長政は掃部の一命をすら奪う決意だったらしいが、キリシタンでもある黒田如水（長政の父）の計らいによって、掃部の知行地は、彼に好意的だった黒田惣右衛門（直之。如水の異母弟）に委ねられ、（「一六〇一年度日本年報」の執筆時点において）掃部は「己が運命に満足して生活している」という。

以上、やや冗長ながら「一六〇一年度日本年報」を要約した。ここでは掃部が六月に長崎を訪れ、同地で所領没収の上意を拝したことを押さえておきたい。この点は「一六〇一、〇二年の日本の諸事」[8]でも確認し得る。また、同書簡からは「一六〇一年度日本年報」で不明確だった掃部の知行没収理由や、没収後の掃部の所在地などが明らかにし得るので以下に簡約してみよう。

掃部は、「世俗を捨て（イエズス）会に止まる覚悟」で一六〇一年六月初めに長崎を訪れた。一か月ほど当地に留まった掃部は、教会でのミサに欠かさず参加したり、「慈善院の教会」を日々訪れて同地に葬られている妻の墓にて祈りを捧げたりと、キリスト教の「心霊修行」に専心した。掃部が「当地の全住民に与えた教化は驚くべきものであった」という。

長崎から帰国の途に発とうとする掃部に、書簡が届けられた。曰く、関ヶ原合戦で敗れた宇喜多秀家が死去していない、との噂があり、黒田長政は（その秀家の縁者である）掃部主従を召し抱えていることを「内府様が悪意に解することを恐れ」て、掃部の知行没収を命じ、掃部には家来一〇人のみを連れて山中に隠棲するよう指示したと。

掃部はこの命令に服して筑前に帰国した。掃部に同情した黒田如水は、「少年に与えていた俸禄」は現状のままとし、掃部には（掃部の友人でもあるキリシタン）黒田惣右衛門の領地へ移住するよう指示したという。惣右衛門の領地は秋月である。

なお、掃部が家来三〇〇人をともなって長政に召し抱えられた折、知行地は長男（十〜十一歳）に与えられるよう懇願したらしい。とすれば、右の「少年に与えていた俸禄」は、掃部の息子に与えられていた掃部らの知行を指すものであろう。

さて、この「一六〇一、〇二年の日本の諸事」からは以下の点が注目される。まず、掃部の知行没収の背景に、宇喜多秀家存命の噂があったこと。次いで掃部の知行が、掃部の致仕後も息子の少年に与えられて維持されたこと。それから、掃部は知行没収後に黒田惣右衛門の領地＝秋月に移ったことである。以下、私見をもって検討してみよう。

一つ目の問題。関ヶ原合戦後、秀家は死去したものと伝聞され、徳川家康もその報告をうけていた。山科言経の日次記『言経卿記』（慶長五年九月十五日条）には「備前中納言敗北、後日自害」(9)とあるし、家康の侍医板坂卜斎の編著とされる『慶長年中卜斎記』によれば、秀家家臣進藤三左衛門が秀家の死を家康に届け出ている。だが、実際の秀家は、薩摩の島津氏のもとに潜伏していた[10]。

関ヶ原合戦後、家康と敵対した所謂「西軍」の重要人物、石田三成・小西行長・安国寺恵瓊はそろって首を刎ねられた。秀家は関ヶ原合戦において彼らと同等、あるいは立場上それ以上の存在である[11]。その秀家が存命であれば、家康は警戒するであろう。秀家が旧臣と結束して乱を起こす可能性なども考慮に入れなければならない。前述「一六〇一、〇二年の日本の諸事」において、黒田長政が恐れたのは、その家康の警戒心が、秀家の重臣であった掃部主従を召し抱える自らに向けられることであった。

二つ目の問題。掃部の知行は、長政の没収命令後、掃部の息子と思しき少年に引き継がれたという。「一六〇一年度日本年報」では黒田惣右衛門に委ねられたらしいが、いずれが実説であろうか。詳しくは次節で日本側史料を見ながら検討したい。

三つ目の問題。致仕後の掃部が、黒田惣右衛門の所領筑前国秋月に移住したことが明らかになった。惣右衛門は慶長十四年（一六〇九）に死去するが、その死や秋月でのキリシタンの活動を伝える「ジョアン・ロドゥリーゲス・ジランのイエズス会総長宛、クラウディオ・アクアヴィーヴァ師宛、一六〇九年、一〇年度、日本年報」[12]には、掃部について一言の言及もない。恐らく惣右衛門の死去以前に掃部は同地を去っていたのであろう。なお、掃部の秋月居住を支持する見解として、掃部が「黒田直之の領地筑前秋月に隠れ」たと記す岡田章雄氏[13]『国史大辞典』「明石掃部」の項がある。

以上、簡単ながら、欧文史料より掃部の動向を復元した。

第二節　邦文史料に見る関ヶ原合戦・戦後の掃部

邦文（日本語）史料では掃部はどのように語られているのか。関ヶ原合戦の時点では「軍の働人の知る程の事ハなけれとも、其身慥にして大器成る者なり」（『戸川家譜』）と叙される掃部の槍働きに、確たる記録はない。『寛永諸家系図伝』によれば、この合戦の折、小早川秀秋に従っていた斎藤三存（斎藤利三の子）が掃部を生け捕りにして秀秋に献じたというが、真偽は定かでなく、同時代性に勝る欧文史料とも通ずるところがない。なお疑問とすべきだろう。

残存史料のうち最も信頼性の高いものは、慶長七年（一六〇二）十二月に、黒田長政から「明石道斎家来中」に宛てられた知行宛行状および知行目録（いずれも写し）かと考えられる。(14)

【史料1】慶長七年十二月廿三日付黒田長政知行宛行状写

為扶助、於下座郡千弐百五拾四石宛行早、目録別紙有之、全可領知者也、

慶長七年

十二月廿三日　　長政（印影）

明石道斎

家来中

【史料2】黒田長政知行目録写

知行目録

一弐百六拾五石九斗六升　下座郡頓田村
一百八拾弐石弐升三合　同郡中寒水村
一六百六拾三石五斗八升三合　同郡小田村
一百四拾弐石四斗三升四合　同郡片延村内ニ而
以上千弐百五拾四石
慶長七年
十二月廿三日　長政（印影）
明石道斎
家来中

原本は散逸したものか所在不明であるが、「明石道斎」なる人物の家来に、下座郡（筑前国の南東部に所在。現福岡県朝倉市）の四ヶ村、一二五四石の知行が与えられている。この「明石道斎」こそ掃部のことらしい。

「明石道斎」なる人物の家来に宛行われた知行は、福岡藩黒田家の分限帳①～④からも確認することができる。①「致致雑抄　慶長六年正月中津ゟ筑前江御打入之節諸給人分限帳[15]」には「千弐百五拾四石　明石道斎家来」、②「慶長七年諸役人知行割　同九年知行書附[16]」にも「千弐百五拾石　明石道斎家来」（朱書で「本ノママ判物ニ千弐百五十四石」との註記あり）、③「慶長年中士中寺社知行書附[17]」には、以下の通り。

【史料3】「慶長年中士中寺社知行書附」（一部抜粋）

一千弐百五十四石　明石《新参》道斎家頼(ママ)
　　　道斎名全登称掃部浮田氏臣、後浮田氏亡後属本藩

④「元和九年十二月改分限帳」(18)にもまた、「千弐百五拾四石　明石道斎家来」とあって、あわせて「明石掃部全誉《オシトウ》」が「慶長五年関ケ原陣ノ後御家へ来鳥村参居」したことが書き添えられている。

以上から、掃部が「道斎」を称したこと、黒田長政より掃部の「家来」が、知行一二五四石を与えられたことがわかる。

この点は、山鹿素行『武家事紀』(19)における伝承とも連結し得る。大坂の陣終結後、幕府による掃部の捜索について触れた件を掲出しよう。

【史料4】『武家事紀』巻第二十六（一部抜粋）

明石掃部(引用者註—大坂の陣後)ガ居所後ニ色々御穿鑿也、掃部カ領分ハ筑前ノ内小田ト云所也、ソノ跡ヲ関ヶ原以後、黒田長政内小郷内蔵丞一万三千石領ス、ソレユヘ明石カ家人大半皆内蔵丞ヘ従フ、ユヘニ島村十左衛門後仕黒田長政、終仕小笠原右近太夫・物原孫右衛門ヲ駿府ヘ被召拷問也、両人不落ヲ父既ニ白状ノ由ヲ告テ終ニ問落ス、田中筑後守(忠政)内田中長門守掃部聟方ヘ送リタルトノコト也、其後筑前ヘ両人ヲ帰サル、則両人トモニ長政家人タリ、長門守一万石ヲ拷問ニ及フトイヘトモ、終ニ不落シテ死、

右によれば、「掃部カ領分」「筑前ノ内小田ト云所」は関ヶ原合戦後、黒田長政の家臣「小郷内蔵丞」の領分となり、

当地にあった掃部の家人もその配下となった云々とある。素直に字面だけ追えば、関ヶ原合戦以前に、掃部の知行地が筑前にあったと読めるのだが、けだしその可能性よりも、この「筑前ノ内小田」は、関ヶ原合戦後に黒田長政より賜った掃部の知行地と考えた方が穏当ではなかろうか。按ずるに「筑前ノ内小田」は、前掲の知行目録に見え、その知行地の過半（六六三石余）が割り当てられた下座郡小田村（現福岡県朝倉市小田）のことを指すと見たい。

なお、福本日南は、「小田地方は往昔耶蘇教の盛んに行はれた処で、今も其地には久留主塚あり。クルスはCroisにて十字架のいひなり。即ち当時宗徒を葬つた跡といふ」と、【史料4】素行の叙述に補足解説を加えている。けだし、『筑前国続風土記』[20]（巻之十一）に見える「くるす塚　小田村の南にあり。是むかし耶蘇の徒を埋めし所也」との記載に拠ったのであろう。この「くるす塚」は小田茶臼塚古墳（国指定史跡）を指すらしい。

ところで、何故知行が明石道斎＝掃部その人ではなく、その家来に与えられたのだろうか。この点、フーベルト・チースリク氏の次の言及[21]が示唆的である。氏は、イエズス会士の報告が日本側の史料（前掲②・③）と「一致」するとし、②・③を紹介して「掃部がその時（引用者註―②・③の知行宛行があった時点）に隠退して道斎と号していたことも明らかであって、知行は家臣の名義になっている」とした。恐らく、所領を没収された掃部は隠退して「道斎」を号していたため、知行地は家臣名義で与えられたとの理解である。

以下、私見である。知行没収（西暦一六〇一年六月頃）を契機に掃部が「道斎」と改名した点は、見方として妥当である。ただし、隠退した人物＝知行宛行の対象からもれたという認識には、やや疑問が残る。たとえば、②を徴すると、掃部同様の斎号を名乗った人物（「真斎」）や「隠居」註記のある人物（「吉（田脱カ）六郎太夫」）が書き上げられている。すなわち家臣名義で知行地が与えられた理由は、単なる隠退で片付けられない。瑣末な疑問ながらこの点を、先の欧文史料から考えてみよう。

イエズス会宣教師の報告書によれば、黒田長政に取り立てられた掃部は、西暦一六〇一年（慶長六年）六月に長崎を訪れ、その滞在中に長政から致仕を強いられた。だが、掃部に同情した黒田如水は、掃部の知行はその幼い息子に引き継がせ、掃部自身は、キリシタン黒田惣右衛門の領地（秋月）へ移ったという。以上を総合すれば、①〜④の分限帳が、知行の宛行対象を「明石道斎家来」と記すのは、掃部その人が既に藩中を去っており（隠退ではなく黒田氏家中からの致仕＝退去）、その家来（掃部の子息を奉ずる家来か）が掃部の知行を引き継いでいたから、と考えられよう。また、掃部の知行没収の背景に、黒田長政が徳川家康の心証を憚った点を考慮すれば、掃部は黒田氏家中にあってはならない人物であり、その子息もまた同断であった。前段では黒田惣右衛門に掃部の知行が委ねられたとの見方を紹介したが、【史料１・２】と以上から推せば、掃部の知行はその家臣に引き継がれたと見て大過あるまい。

ここでは、関ヶ原合戦後、「道斎」こと明石掃部が、黒田長政に召し抱えられたが、ほどなく致仕した点、および掃部の知行地がその家来に引き続き与えられていた点とを確認しておこう。

なお、福本日南は諸伝承（「落穂集」「慶長記」「武辺咄聞書」「大坂日記附録」等）を参酌して、関ヶ原合戦後の掃部は、潜行して京都・大坂から岡山へ赴き、さらに家族を連れて数ヶ年備中足守に隠れたのち、大坂に戻って「悠々閑日月」を送ったとする。【史料４】『武家事紀』の伝承についても、（恐らく関ヶ原合戦以前に掃部の）「飛領」が筑前にあったとの理解である。だが、右の整理からいって、以上はほとんど無根あるいは不適当の説と考えられよう。

第三節　大坂の陣とその後の掃部

慶長十九年（一六一四）十一月、徳川家康・秀忠は全国の諸大名を動員して、大坂城の淀殿・豊臣秀頼親子を包囲・

攻撃した。[22] 醍醐寺三宝院の義演（一五五八〜一六二六）は記す、「日本不残前陣後陣悉共《(供)》奉」と『義演准后日記』同年十一月十五日条）。[23] いわゆる大坂冬の陣である。大坂城には真田信繁・後藤又兵衛・長宗我部盛親ら関ヶ原合戦によって没落した大小名やその旧臣が集まっていた。掃部もその一人である。『駿府記』[24]（同年十月十二日条）によれば、この「明石掃部助」を含む「牢人」は、十月六日から七日にかけて大坂城に入ったという。禅僧として幕政に深く関わった以心崇伝（一五六九〜一六三三）の日記『本光国師日記』[25]にも、彼らの大坂入城は次のように触れられている。

【史料5】『本光国師日記』慶長十九年十月十九日条（一部抜粋）

一、長曽我部祐夢《(盛親)》・真田左衛門佐《(信繁)》・仙石宗也《(秀範)》・明石掃部、か様之牢人衆大坂へ入城候由候、何も大坂へ籠り候衆、心〱にて、むさとしたる躰と相聞え申候、

だが、大坂の陣に至る十数年間における掃部の動向は必ずしも明らかではない。関ヶ原合戦を経て黒田長政に短期間仕えたのち、筑前秋月に隠れたが、以後の消息は殆どつかめないのである。わずかに、一六一二年に「ミヤコ」のイエズス会の会計から一万二千クルザードの資金援助をうけたこと、その当時の掃部が同地（京都）のイエズス会住院に匿われていたことが知られるばかり。[26] 大坂の陣に触れる「イエズス会総長宛、一六一五、一六年度・日本年報」[27]（以下「一六一五・一六年度日本年報」）に再出現するまで、上方に隠れていたのであれば、慶長十九年初頭、京坂のキリシタンが多数摘発[28]されるなか、掃部は巧みに幕吏の捜索をかわしたことになる。

さて、既述「世俗を捨て（イエズス）会に止まる覚悟」であった掃部が何故大坂城に入って戦いに身を投じたのか。けだし「一六一五・一六年度日本年報」の言及が参考になる。徳川家康によるキリシタン弾圧のため、数多の「老練

なキリシタンの兵士」は、「名誉と信仰を護るために武器をとって抵抗」すべく豊臣秀頼のもとに集まった。そして「彼らと同じ熱情に動かされて内府に対して武器を取って立ちあがることになったと明石掃部も明言し」たという。すなわち信仰上の問題をもって掃部は参戦に踏み切ったのである。

なお、フーベルト・チースリク氏は、こうした掃部について「秀頼を正当な後継者とみなしたがゆえの反徳川の立場」にあったと見る。一六〇五年頃に加藤清正・福島正則を中核とする「反徳川同盟」が密かに形成されはじめたとし、明石掃部も、同じく黒田長政に仕えていた後藤又兵衛とともに「早々にこの同盟（引用者註―「反徳川同盟」）に加わったようである」とも指摘するが、事実関係は明らかでない。ことに「反徳川同盟」については氏による仮説的側面が濃厚に見受けられる。既述の通り、掃部を戦陣に立たせたのは「信仰上の問題」で、それ以上でもそれ以下でもなかったと考えたい。

かくて大坂城に入った掃部は、秀頼のもとに参集したキリシタン勢力の中核を成したと考えられる。[29] この時の掃部を『大坂陣山口休庵咄』[30] は次のように書き留めている。四千の人数を率いて入城し、のちに素性不明の者を抱えたというが、それが或いはキリシタンかという想像もできなくはない。

【史料6】『大坂御陣山口休庵咄』「諸牢人被召抱之事」（一部抜粋）

一、明石掃部

人数初四千の着到にて、後人数抱申候、是ハ出所不存候、のぼりハ黒地に白キ丸三つヅ、附申候、

十一月に開始された大坂冬の陣は、十二月十九日の和議によって終結したが、翌年四月再び戦端が開かれた。大坂夏の陣である。五月七日、大坂城に南方から迫った徳川方（幕府）の軍勢約一五万と、大坂方五万程度とが天王寺・岡

山方面において激突した。

掃部はその日、天王寺方面に進出していた。毛利勝永の軍勢は、本多忠朝を討ち取るなど徳川方に猛攻を加え、真田信繁の軍勢も、松平忠直（家康の孫。越前福井城主）隊を翻弄し、毛利勢と同じく一時は徳川家康の本陣近くにまで迫っている。だが、毛利・真田ら大坂方は次第に劣勢に転じて退却した。ほどなく真田信繁は安居神社（大阪市天王寺区）で討ち取られている。

前線の大坂方壊乱をうけた掃部は、天王寺の北、生国魂神社（大阪市天王寺区）辺りで松平忠直・藤堂高虎（伊勢津城主）・水野勝成（家康従兄弟。三河刈谷城主）らの軍勢を迎え撃った。だが、水野隊に切り崩され撤退を余儀なくされる。敗勢一方となった大坂方はいずれも撤退、代わって徳川方が北上、大坂城を包囲した。まもなく大坂城は炎上し、翌日（五月八日）、淀殿・秀頼親子らが自刃して大坂夏の陣は終結する。

さて、このとき掃部は戦死したか否か。福本日南が諸書を挙げて云々するように、古来議論の的である。たとえば、京都所司代板倉勝重は、七日の合戦について以下の如く記している。

【史料7】（元和元年）五月八日付江戸幕閣宛板倉勝重書状[31]

猶々昨日午之刻ゟ今日四つ時分迄、火手爰元へも相見え申候、又後藤又兵衛、明石掃部、真田何も討死仕由申候、

また、『徳川実紀』（「台徳院殿御実紀」巻三十七）[32]は掃部の軍勢三百を、水野勝成隊が破り、その家臣汀三右衛門が掃部を討ち取ったとする。一方、落去説も当時から囁かれた。たとえば、【史料8】毛利秀元の書状には以下のような文言が見えるし、掃部とは宇喜多氏家中で同輩だった戸川達安の子息安吉の編著【史料9】『戸川家譜』[33]もまた、掃部の

死を確定できていない。

【史料8】(元和元年)五月十四日付福原広俊他六名宛毛利秀元書状(34)(一部抜粋)

一、後藤又兵へ事、六日之合戦討死仕候とハ申候、しるし無之候、いか丶候哉との事ニ候、明石掃部・山口左馬其外数多落度候由候、

【史料9】『戸川家譜』(一部抜粋)

明石掃部ハ耶蘇を専進む、伴天連成敗、御悪しミ強して肥後守《戸川達安》に被仰付、西ハ九州、東ハ関東まで尋れとも、終に、生死を知る者なく、南蛮へ渡りしと言説あり、

キリシタン掃部に対する幕府の憎悪は強く、旧知の戸川達安にその探索が命ぜられた。九州から関東まで捜索したが、掃部の生死を知る者もなかった。南蛮へ渡ったともいう(以上【史料9】)。さきの【史料4】『武家事紀』によれば、幕府は黒田長政の二家来から、筑後柳川藩主田中忠政の家臣田中長門守のもとへ掃部を逃したことを聞き出している。拷問にかけられた長門守は何事をも白状せず落命したが、掃部の消息もこれで途絶えた。

なお、『戸川家譜』は、掃部と「重縁」であった宇喜多秀家旧臣岡越前守(掃部妹婿)とその子平内(掃部娘婿)の最期を伝えてもいる。大坂の陣にあたって平内は大坂城に入り、そのため戦後の元和元年(一六一五)七月、越前守は京都妙顕寺において切腹、生き延びた平内もまた、同地において(「宗門《キリシタン》のよしニて」)斬られた。越前守次男の忠兵衛も江戸にて切腹したという。

そも『駿府記』によれば、大坂の陣直前の慶長十九年九月十九日、元旗本のキリシタン原主水を、岡越前守の知行

所に、主水の「朋友」岡平内が匿ったことが発覚し、「平内御改易、越前守御赦免」の沙汰があったという（『駿府記』同日条）。そのため（改易された）平内は大坂城に入ったのであろう。なお、戦後の処分に関しては『駿府記』（元和元年七月二十九日条）にも「今日岡越前守於妙顕寺切腹、同息平内梟首、明石掃部依為縁座也」と見え、『戸川家譜』や『浦上宇喜多両家記』の記載と矛盾しない。

余談が続くが、この大坂の陣には、徳川方として坂崎出羽守（浮田左京亮）・戸川達安・花房正成（秀成）・花房職之・本多政重（加賀藩前田家の属下として参陣）らの宇喜多氏旧臣も加わっている。職之は老齢のため輿を用いて出陣し、坂崎は、堀内氏久が大坂城中より連れ出した千姫（豊臣秀頼正室、徳川秀忠の娘）を、家康の陣に護送して長く後世に伝わる話柄を提供した[35]。掃部と直接対戦することはなかったが、忖度すべきもない彼らの心中に、筆者はいたく興趣をそそられてならない。

小　括

関ヶ原合戦を経て筑前に居を移した後も、明石掃部は信仰の人であった。大坂の陣に至る十数ヶ年の消息は至極不鮮明ながら、諸伝承を総合するにこの間もまたキリスト教徒としての敬虔さは失っていなかった。大坂の陣で戦死したか否かは分明でない。掃部生存説は当時からも囁かれ、後代にも根強く残った[36]。松田毅一氏は掃部の土佐入国伝説を紹介した。『戸川家譜』の伝承では南蛮へ渡ったともいう。『耶蘇天誅記前録』なる編纂物には次のように物語られている。

【史料10】『耶蘇天誅記前録』（一部抜粋）

元和元年、大坂籠城諸士ノ内、明石掃部、五月七日、京橋口ヨリ船ニ乗リテ遁レ出、兵庫ニ至リ其所ヨリ長崎表ヘ漕ギ渡リ、兼テヨリ耶蘇宗タルニ依テ、南蛮国ヘ渡リシトナリ、大野主馬治房モ同宗タルニ依リテ、妻子マデモ船ニ取乗セ、是モ京橋口ヲソト出船シ、明石ト均シク南蛮国ヘ押渡リシト云、秀頼ノ御座船ニ乗リテ渡リシト也、

一見、無稽の臆説であるが、かかる空想を許す余地が、大坂夏の陣における掃部の最期に見出されることもまた事実である。森本繁氏は歴史小説執筆の過程で入手した論考(37)をもとに掃部の台湾渡海説を主張した。ただ、筆者には確たる史料もなしにこれ以上、掃部の「それから」を語ることはできない。

以上の論述は先行研究に大きく依存する一方、私見たるや微々たるものに過ぎないが、なにがしか後学の参考になれば幸いである。

註

（1）福本日南『大阪城の七将星』（文會堂書店、一九二一年）。

（2）松田毅一「一条兼定・明石掃部について」（海老沢有道監修・基督教史学会編『切支丹史論叢』小宮山書店、一九五三年）。以下、松田氏の見解は同稿に拠る。

（3）フーベルト・チースリク「キリシタン武将―明石掃部」（『歴史読本』三三九、一九八一年）、同「明石掃部とその一族」（同〔高祖敏明監修〕『秋月のキリシタン』教文館、二〇〇〇年）。

(4) 松田毅一監訳『十六・七世紀イエズス会日本報告集』一―三（同朋舎出版、一九八八年）所載の家入敏光訳「一六〇一年二月二十五日付、長崎発信、ヴァレンティン・カルヴァーリュのイエズス会総長宛、日本年報補遺」。

(5) 松田毅一監訳『十六・七世紀イエズス会日本報告集』一―三（同朋舎出版、一九八八年）所載の田所清克・住田育法・東光博英共訳『一五九九―一六〇一年、日本諸国記』。

(6) 松田毅一監訳『十六・七世紀イエズス会日本報告集』一―四（同朋舎出版、一九八八年）所載の家入敏光訳「一六〇一年九月三十日付、長崎発信、フランシスコ・パシオのイエズス会総長宛、一六〇一年度、日本年報」。

(7) 『諸国記』は、これ以前、重病から奇跡的に回復した彼女について記しているが、結句彼女はそれから程なくして没したものと見なさなければなるまい。

(8) 松田毅一監訳『十六・七世紀イエズス会日本報告集』一―四（同朋舎出版、一九八八年）所載の岡村多希子訳「一六〇一、〇二年の日本の諸事」。

(9) 『言経卿記』十（岩波書店、一九七七年）。

(10) 拙稿「宇喜多秀家の処分をめぐって」（本書I所収）を参照。

(11) たとえば、関ヶ原での大勝を報じる（慶長五年）九月十五日付伊達政宗宛徳川家康書状（『伊達家文書』七〇六号文書）には、「今十五日午刻、於濃州山中及一戦、備前中納言・島津《（島津惟新）》・小西《（小西行長）》・石治部《（石田三成）》人衆悉討捕候」と、秀家の名が筆頭に挙げられている。

(12) 松田毅一監訳『十六・七世紀イエズス会日本報告集』二―一（同朋舎出版、一九九〇年）所載の鳥居正雄訳「ジョアン・ロドゥリーゲス・ジランのイエズス会総長宛、クラウディオ・アクアヴィーヴァ師宛、一六〇九、一〇年度、日本年報」。

（13）『国史大辞典』一（吉川弘文館、一九七九年）。

（14）「明石家文書」『福岡県史』近世史料編・福岡藩初期（上）（福岡県、一九八二年）（『福岡藩仰古秘笈』「長政公御入国ゟ二百年町家由緒記」所載）。これとほぼ内容を同じくする宛行状・知行目録（典拠不詳）が、中島利一郎「筑前と切支丹」（『筑紫史談』二四、一九二一年）に採録されている（以下【参考】。前掲註（3）フーベルト・チースリク「明石掃部とその一族」も参照のこと）。

【参考】慶長七年十二月廿三日付黒田長政知行宛行状写

為扶持於下座郡千二百五拾四石宛行畢、目録別紙有之、全可領知者也、

慶長七年十二月廿三日　長政（印）

明石道斎家来中

覚

一、高六百六拾三石五斗八升
下座郡小田村明石道斎家中衆
池太郎右衛門
澤原善兵衛
明石少右衛門

一、高百八十二石四斗三升四合
同　郡片延村明石道斎家中衆
島村九兵衛

同　郡中寒水村明石道斎家中衆

一、高百八十二石二斗三合

明石半右衛門

澤原忠次郎

同　郡頓田村明石道斎家中衆

一、二百六十五石九斗六升

明石半左衛門

黒岩彦右衛門

合千二百五十四石

以　上

(15) 福岡地方史研究会編『福岡藩分限帳集成』(海鳥社、一九九九年)所収。
(16) 福岡地方史談話会編『黒田三藩分限帳』(増補復刻版、西日本図書館コンサルタント協会、一九八〇年)所収。
(17) 前掲註(16)所収。
(18) 前掲註(15)所収。
(19) 山鹿素行先生全集刊行会編『武家事紀』中巻(山鹿素行先生全集刊行会、一九一六年)。
(20)『筑前国続風土記』(名著出版、一九七三年)。貝原益軒(一六三〇～一七一四)による地誌。
(21) 前掲註(3)チースリク「キリシタン武将―明石掃部」。
(22) 以下、大坂の陣については、笠谷和比古『関ヶ原合戦と大坂の陣』(吉川弘文館、二〇〇七年)などを参照した。

(23)『大日本史料』十二―十六（東京帝国大学文科大学史料編纂掛、一九一三年）所載。

(24)『駿府記』（『史籍雑纂』二、続群書類従完成会、一九七四年）。

(25)『新訂　本光国師日記』三（続群書類従完成会、一九六八年）。

(26)ロレンソ・ペレス（野間一正訳）『ベアト・ルイス・ソテーロ伝』（東海大学出版会、一九六八年）八三頁（小川雄氏のご教示による）、及び前掲註（3）チースリク「明石掃部とその一族」。以下に言及するチースリク氏の見解は同稿に拠る。

(27)松田毅一監訳『十六・七世紀イエズス会日本報告集』二―二（同朋舎出版、一九九六年）所載の鳥居正雄訳「イエズス会総長宛、一六一五、一六年度・日本年報」。

(28)岡本大八事件を発端とする慶長十七年（一六一二）三月の禁教令、および翌十八年十二月の禁制強化、翌十九年正月の迫害と、宣教師・キリシタン（高山右近ら）の大追放などを指す。五野井隆史『徳川初期キリシタン史研究』（吉川弘文館、一九八三年）などを参照。

(29)海老沢有道『高山右近』（吉川弘文館、一九五八年）によれば、国外追放となった高山右近に対し、豊臣秀頼が大坂入城を依頼したとの伝承が『混見摘写』（石川県立図書館蔵）や欧文史料に見えるという。以上が史実とすれば、掃部の入城が右近のそれを代替したとの見方も可能であろう。

(30)『大坂陣山口休庵咄』（『続々群書類従』四、国書刊行会、一九〇八年）は秀頼の旧臣山口休庵の編述と目されている。なお、『土屋知貞私記』「大坂籠城之節籠候人数」（同上所収）は、掃部を「歳六十計之者」とし、「幡《（播）》磨者大閤《（ママ）》直参ニナリ拾萬石程之身代」とするが信憑すべきか躊躇われる。また、同書は掃部の弟という明石八兵衛の入城にも言及し、「三十歳計牢人ニて籠城討死」したとする。なお疑問としておこう。

(31)「徳川美術館所蔵文書」（『新修大阪市史』史料編五・大坂城編、大阪市、二〇〇六年）。

(32)『徳川実紀』二（『新訂増補国史大系』三九、国史大系刊行会、一九三〇年）。

(33)『早島の歴史』三・史料編（一九九九年）所収。

(34)「閥閲録遺漏」四ノ一（中沢九郎左衛門）（『萩藩閥閲録遺漏』山口県文書館、一九七一年）。

(35)沖本常吉『坂崎出羽守』（津和野歴史シリーズ刊行会、一九七二年）、橋本政次『千姫考』（神戸新聞総合出版センター、一九九〇年）、拙稿「浮田左京亮」（『宇喜多家史談会会報』二三、二〇〇七年。加筆して拙著『豊臣期の宇喜多氏と宇喜多秀家』岩田書院、二〇一〇年所収）などを参照。

(36)『古事類苑』宗教部四（神宮司庁、一九一三年）採録分。

(37)森本繁『明石掃部』（学研M文庫、二〇〇六年）。森本氏が紹介した論考は、岩生成一「長崎代官村山等安の台湾遠征と遣明使」（『台北帝国大学文政学部史学科研究年報』第一輯、一九三四年）。

（付記）拙著『明石掃部の研究』（同刊行会、二〇一二年一一月）刊行後、小川博毅『史伝明石掃部―最後のキリシタン武将―』（橙書房、二〇一二年一二月）に接した。拙稿では詳しく触れ得なかった掃部の親族などに多くの紙数が割かれている。筆者とは史料の解釈や検討手法などを異にする箇所も多いが、あわせて参照されたい。

（平成二十四年八月稿、同二十七年四月加筆）

後記　明石掃部の人物

明石掃部とは何者か。その素朴な関心が行き着いた結果が、以上の第一章〜第二章の検討である。掃部の存在意義や、その人物を論じたり評価するためには、歴史的事実を確定しなければならない。ここまで掃部の関係史料を集めてこれを整理し、宇喜多氏研究を専門にしてきた筆者の推測をも交えて、基礎的な史実の復元を行ってきた。もちろん本書における筆者の論証に誤りなしとはしない。掃部と筆者とを幾百年の星霜が隔てている。残された史料も多くないが、掃部本来の相を求めて出来るだけ丹念かつ客観的な議論を心がけてきた。そこでいささか評価を試みたい、掃部とは何者かと。

そも筆者の念慮するところは、宗教人的外被をなるだけ取り去って掃部を検討することにあった。しかし全体の叙述からも明らかな通り、掃部の面目はその外被にこそ現れていた。洗礼自体は外部的誘因によって成されたが、以後の掃部は信仰を守ることを人生の第一義とした感が強い。宇喜多氏家中での「客分」という立場が、その信仰への没頭を許したのではなかろうか。関ヶ原合戦を経て（一時的に黒田長政に召し抱えられたが）知行を失ったことも、かかる信条を貫く上では幸いした。大坂の陣に加わった理由も、掃部の信仰心から出たと断ぜざるを得ない。洗礼時から一貫して掃部は信仰の人であった。ヨーロッパ人カトリック宣教師から、いま一人の高山右近との評を得たことは、一見過大ではあるが、掃部のキリスト教への態度を徴すれば肯かれる。

ただし、掃部の入信が、秀吉による禁教令以後の、キリスト教非公認時代におけるものであったことは注意を要しよう。掃部はそのため、右近が高槻あるいは明石の領内で行った寺社破壊に類する行為に手を染めることなく、けだし、宣教師による穏健な布教・伝道活動を援けるだけに終わった。右近との大きな相違である。

右近の国外追放とほとんど時を同じくして、掃部は大坂城に入っている。この戦陣を、掃部その人が、ことあれかしと待ち構えていたとは考え難い。武人としての基礎的素養を備えていたため、キリシタン勢力の頭目的立場に据えられて、いずれかといえば他律的に大坂の陣を戦ったと筆者は考えている。

この時の掃部は、真田信繁らと比較して必ずしも目立つ存在ではないが、掃部の最期にこのような舞台が用意されたことは、改めて考えると驚きである。終幕として出来過ぎている。戦後の存命説をまったく斥けるわけではないが、掃部の生涯はかくて閉じられたと見たい。

以上、筆者がこしらえた掃部の人物像である。事実は全く異なるかもしれないが、所与の史料から筆者が読み取ったところを忌憚なく述べ来った。

掃部は穏健かつ熱心なキリシタンたることを堅持した。運命の変転がいくたび襲っても、信仰を捨てず、また捨てることを強制されなかった。イエズス会への入会すなわち聖職者となる志こそ果たせなかったが、掃部の人生は、彼自身の内面に照らせば、類まれな幸運に恵まれたといえるだろう。加えて、かかる幸運は現在もなお続いている。掃部にまつわる伝説や歴史小説は、この人物の様々な可能性を、想像の世界に解き放ち、人々の関心を惹き続けてやまない。本書第一章～第二章の検討を通じて筆者の透観するところは以上である。

（平成二十四年十月稿）

初出一覧

Ⅰ　宇喜多秀家とその周辺

・豊臣期宇喜多氏権力論（新稿）
・文禄期「唐入り」における宇喜多秀家の立場について―豊臣秀勝との関係から―
（『宇喜多家史談会会報』四二、二〇一二年四月）
・宇喜多秀家の処分をめぐって（『晴歩雨読―和田萃先生古稀記念文集―』藤陵史学会、二〇一四年五月）
・小瀬中務と小瀬甫庵（『岡山地方史研究』一三〇、二〇一三年九月）
・宇喜多氏研究の困難とその可能性（『明石掃部の研究』同刊行会、二〇一二年十二月）
・宇喜多氏の石高をめぐって（同右）

Ⅱ　明石掃部の研究

（『明石掃部の研究』同刊行会、二〇一二年十二月）

但し、第一章「明石掃部の基礎的考察」は『岡山地方史研究』一二五（二〇一一年十二月）の同名論文を再録したもの。

それ以外は、同書刊行時の新稿である。

跋

およそ歴史の叙述にはそぐわない気分が、やはり全篇にわたり漂っている。研究対象には恬淡たるべく、主観より客観を是として冷静に筆を走らせるのが本筋であろう。この小冊子の文体は、宇喜多秀家や明石掃部といった人々に寄り添い過ぎたのかもしれない。

かといって、筆者の目的は彼らの顕彰にはない。失われて久しい彼らの足跡を、様々な史料を比較衡量しながら実証的に掘り起こすことにある。若干の思い入れが文章の端々に混ざることがあっても、秘かに自負するところだが、この前提は忽せにしていない。

筆者の検討以前にはおよそ学術的に顧みられることのなかった宇喜多忠家や中村次郎兵衛。宇喜多秀家と明石掃部も、顕彰よろしく批判的に議論されるところのない、郷土の大名・武将に過ぎなかった。筆者はこの十年程、そうした人々や彼らをめぐる諸事象の考証に没頭していたようである。至らぬ議論には時として逆風も吹いたやに感じられたが、いずれも道聴塗説ではなく、筆者なりに熟慮したところ。いま読者の手にある小冊子は、その一応の締め括りと思って頂いて構わない。

ただ、今後も読むことと書くこととを継続したい。好きなことを好きなように。来し方も我流、行く末も無手勝流で通すほかない。

この小冊子の出版は、ひとえに岩田書院の岩田博氏のご厚誼に負う。先学畏友の励ましも筆者には身に沁みて有難かった。お世話になった方々に、末筆ながら衷心より御礼申し上げる。

平成二十六年八月

大西　泰正

著者紹介

大西 泰正（おおにし やすまさ）

1982年　岡山県に生まれる
2007年　京都教育大学大学院教育学研究科修了
石川県立寺井高等学校教諭を経て、
現在、石川県金沢城調査研究所々員

主要著書・論文

『豊臣期の宇喜多氏と宇喜多秀家』（岩田書院、2010年）
『「大老」宇喜多秀家とその家臣団』（同上、2012年）
『論集戦国大名と国衆⑪　備前宇喜多氏』（編、同上、2012年）
『高山右近　キリシタン大名への新視点』
（分担執筆、中西裕樹編、宮帯出版社、2014年）

宇喜多秀家《うきたひでいえ》と明石掃部《あかしかもん》

2015年（平成27年）5月　第1刷　600部発行　　**定価［本体1850円＋税］**

著　者　大西 泰正

発行所　有限会社岩田書院　代表：岩田　博　http://www.iwata-shoin.co.jp
〒157-0062 東京都世田谷区南烏山4-25-6-103　電話03-3326-3757 FAX03-3326-6788
組版・印刷・製本：新日本印刷

ISBN978-4-87294-890-5 C3021 ¥1850E

論集 戦国大名と国衆

①	黒田 基樹	武蔵大石氏	2800円	2010.05
②	黒田・浅倉	北条氏邦と武蔵藤田氏	2500円	2010.07
③	浅倉 直美	北条氏邦と猪俣邦憲	3000円	2010.09
④	黒田 基樹	武蔵三田氏	2500円	2011.01
⑤	丸島 和洋	甲斐小山田氏	3200円	2011.07
⑥	柴 裕之	尾張織田氏	3500円	2011.11
⑦	黒田 基樹	武蔵成田氏	3800円	2012.01
⑧	鈴木 将典	遠江天野氏・奥山氏	4000円	2012.03
⑨	浅倉 直美	玉縄北条氏	4800円	2012.06
⑩	天野 忠幸	阿波三好氏	4800円	2012.10
⑪	**大西 泰正**	**備前宇喜多氏**	4800円	2012.12
⑫	黒田 基樹	岩付太田氏	4000円	2013.04
⑬	丸島 和洋	信濃真田氏	4800円	2014.03
⑭	丸島 和洋	真田氏一門と家臣	4800円	2014.04
⑮	黒田 基樹	武蔵上田氏	4600円	2014.11
⑯	木下 聡	美濃斎藤氏	3000円	2014.12

岩田選書◎地域の中世

①	黒田 基樹	扇谷上杉氏と太田道灌	2800円	2004.07
③	佐藤 博信	越後中世史の世界	2200円	2006.04
④	黒田 基樹	戦国の房総と北条氏	3000円	2008.09
⑤	大塚 勲	今川氏と遠江･駿河の中世	2800円	2008.10
⑥	盛本 昌広	中世南関東の港湾都市と流通	3000円	2010.03
⑦	**大西 泰正**	**豊臣期の宇喜多氏と宇喜多秀家**	2800円	2010.04
⑧	松本 一夫	下野中世史の世界	2800円	2010.04
⑨	水谷 類	中世の神社と祭り	3000円	2010.08
⑩	江田 郁夫	中世東国の街道と武士団	2800円	2010.11
⑪	菅野 郁雄	戦国期の奥州白川氏	2200円	2011.12
⑫	黒田 基樹	古河公方と北条氏	2400円	2012.04
⑬	丸井 敬司	千葉氏と妙見信仰	3200円	2013.05
⑭	江田 郁夫	戦国大名宇都宮氏と家中	2800円	2014.02
⑮	渡邊 大門	戦国・織豊期赤松氏の権力構造	2900円	2014.10

○	**大西 泰正**	**「大老」宇喜多秀家とその家臣団**	2200円	2012.04